幻冬舎

育児ばかりでスミマセン。

CONTENTS

ブックデザイン　守先正+山原望
イラスト　細川貂々

うちの家族は大所帯
松井
ボビー
橋本
ツレ(夫)
てんてん(妻)
エビ
マツ吉
イグ(長男)
まぐ(長男の嫁)
こんな所に人間の赤ちゃん来ても平気なんかな?
うーむわからん
不安!!

僕は今、川沿いの町*で、七ヵ月のコドモの育児を中心に暮らしている。

数年前まではごく普通のサラリーマンだった。自分では仕事ができるほうじゃないかと思っていたのだが、職場の期待はもっと高く、僕はうつ病を発症し、会社を辞めることになる。

仕事を辞めてからの療養生活は大変だった。

僕の相棒、漫画家の細川貂々《てんてん》はそのことを本に描いた。『ツレがうつになりまして。』というのが、その本の題名だ。

だから僕は「ツレさん」と呼ばれている。

ツレさんはうつ病*で約三年間苦しんだ。でも、少しずつ病気は治り、そのうちに調子がいいとか悪いとか気にしなくなった。仕事をしていなくても日々の時間は過ぎていく。僕は家事を担当し、相棒にゴハンを作ったり、ペットのイグアナやカメの面倒をみたりした。時間はゆっくりと流れた。

僕はいつの間にか、四十代になっていた。考えていた四十代とはずいぶん違うけど、それはそれで悪くないようにも思えた。社会的に活躍の場を得た相棒のサポートをしつつ、本を読んだり音楽を聴いたりしていた。

「それから、体も鍛えなくっちゃね」

*川沿いの町
日本の町はどこも川が多いと思うんですが、住んでいるマンションのすぐ脇を「旧江戸川」という一級河川が流れております。その川の向こうは東京都です。町の中を流れている川も多く、また今では道路になっているものも、地下に川が流れていたりします。ここは千葉県浦安市というところです。山本周五郎の『青べか物語』という小説で、東京にこんなに近いのに田舎であると取り上げられていた町ですが、そのとおり、今でもなかなか田舎マインドが息づいています。

*うつ病
うつ病というのは、すでに正式な名称ではないらしいです。単極性の気分障害というのが今の病名らしい。でも、一般的にはまだ「うつ病」といったほうがわかりやすいでしょう。脳内の神経伝達物質のバランスが崩れることから、体調が悪くなり、精神的にも落ち込む病気です。

と相棒が言ったのは、二〇〇七年の春先のことだったろうか。

二人で朝晩ジョギングに励んだ。朝に走ると、体が軽くなって一日がとてもすがすがしかった。夕方に走ると、食事がとても美味《おい》しくて、夜もぐっすり眠れた。

そして、一年後の東京マラソン*に出場することを目標にしてみた。

しかし、東京マラソンに出ることは、結局かなわなかったのだ。

……マラソンはマラソンでも、別の種類のマラソンにエントリーされてしまう。

「子育てマラソン」という名の。

「できちゃった、みたい？」

「えっ、まさか」

……というような、ありきたりな会話をかわしたわけではなかった。相棒よりも僕のほうが「できちゃったのでは？」と先に思っていたのだ。ほとんど直感のようなものだが、何かとんでもないことが起きそうな不安定な感じがしていた。それはもしかしたら、我が家にコドモがやってくるというようなこと？

……もっとも、それまで僕はずっと貧血がひどかったし、相棒も体力がなく、この二人にコドモができるとは思えなかった。そして、コドモを作らない生活をずっと念頭に置い

服薬などの簡単な治療で快癒することが多いです。でも、なんにつけ個人差の大きい病気でもあります。

＊一年後の東京マラソン
東京マラソンが始まったのが二〇〇七年。まさかあの東京で車止めてマラソンやるとは思わなかった。衝撃的でした。まあ、四二キロも走るのは大変そうなので、うちの浦安市で冬に行われる「東京ベイ浦安シティマラソン」に出てもいいなと思ったりしました。ところで、翌年のベイマラソンは雪で中止になってしまいました。本来マラソンが行われるはずだった日にはまだ、相棒とコドモは入院中だったのですが、これがマラソンコースのちょうどまん前の病院でした。「なんだ、結局雪で中止だったのか」と思ったものだなあ。

ていた。世の中はガチャガチャし過ぎているから、せめて自分たちの生活くらい静かなものにしておきたかったのだ。

でも、二人の体調がすこぶる良く、余った体力でジョギングなどを始めてしまうような状況だったから、もしコドモができるとしたら、この時をおいて他にないだろうというタイミングでもあった。

相棒は産婦人科に行き、診察を受けた。妊娠一ヵ月と告げられた。

世間的には高齢の妊娠*と称されるところの相棒は、そののちに流産することもなく、胎芽《たいが》というものが胎児となって、僕たちのコドモは、順調に育ち始めているようだった。

僕は自分がコドモの親となることを考えてみた。それはとても責任の重いことのように思えた。時代についていけないような僕が、地球の未来を担うコドモなんか育てていいのだろうか、と。そもそも子育てをする体力があるのだろうか？ つい先日まで病気だったのに……。

だけど、こうも考えてみた。僕は病気になって、いろいろなことを諦めることを学んだ。子育てに関してのストレスは、自分の領分が削られることからくるもののようだ。だから、領分をみんな削ってしまった今の僕は、なんか子育てに向いているんじゃないだろうか？

*高齢の妊娠
僕たちの若い頃は、三十歳以上の出産が「高齢出産」だといわれていて、なんでも丸に高という字をあしらったハンコを押されるので「マルコー」と呼ぶんだと聞いたものでした。でも、いつのまにか三十五歳以上が「高齢リスク」ということになっていた。どっちにしても、妊娠したとき相棒三十七歳。出産のとき三十八歳の予定だったから、高齢リスクと呼ばれるものから逃げようがなかったんですが。

体力に関しても、神様が僕らにコドモをくださるということは、僕らにそれだけの体力があることの証《あかし》かもしれないぞ、と。

ところで、一般的に育児は母親がするものらしいが、我が家の場合は、僕が家事を担当していたから、その流れでいくと、父親である僕が育児をメインに担当することになりそうだった。

相棒は妊娠が発覚した頃から、僕に言っていた。

「私、産むのはしょーがないから産むけど、育てるのは任せるから」

「う、うむ……」

ダジャレを言っている場合でもないが。

でも、きっとそのほうがいいんだろう、と思えた。相棒は飼っていたペットや植物にさえも八つ当たりしてしまう短気なところが以前からあったから、母性ということに関しては僕のほうが上かも。

僕の四十代は、まず会社を辞めたところからスタートし、闘病を乗り切って、家事をこなし、イグアナやカメの世話をし、エビ*を卵から孵化《ふか》させたりしていた。次は人間の赤ちゃんだ。きっとそういう段取りだったのだ。

*エビ
　淡水に生息する小さなヌマエビです。ヌマエビは繁殖の仕方によって「陸封型」と「回遊型」に分かれるのですが、「陸封型」は水槽の中で簡単に増やせる。僕が挑戦したのは、「回遊型」のヤマトヌマエビの繁殖でした。薄めた海水を用意して、濃度を調節したりする作業に没入していました。

しかし……指折り数えながら考えてみる。僕のコドモは僕が四十三歳のときに誕生するので、その子が十六歳のときに僕は還暦を迎えることになる。十六歳のときに子育て業を定年というわけにもいかないだろう。まあ定年は六十五歳というあたりか。

考えれば考えるほど、長丁場のプロジェクトで、気が遠くなりそうだ。

それでも、やりがいのある仕事が僕に与えられたわけで、相棒のお腹《なか》が大きくなっていくのと比例して、僕のやる気もふくらんでいくのだった。

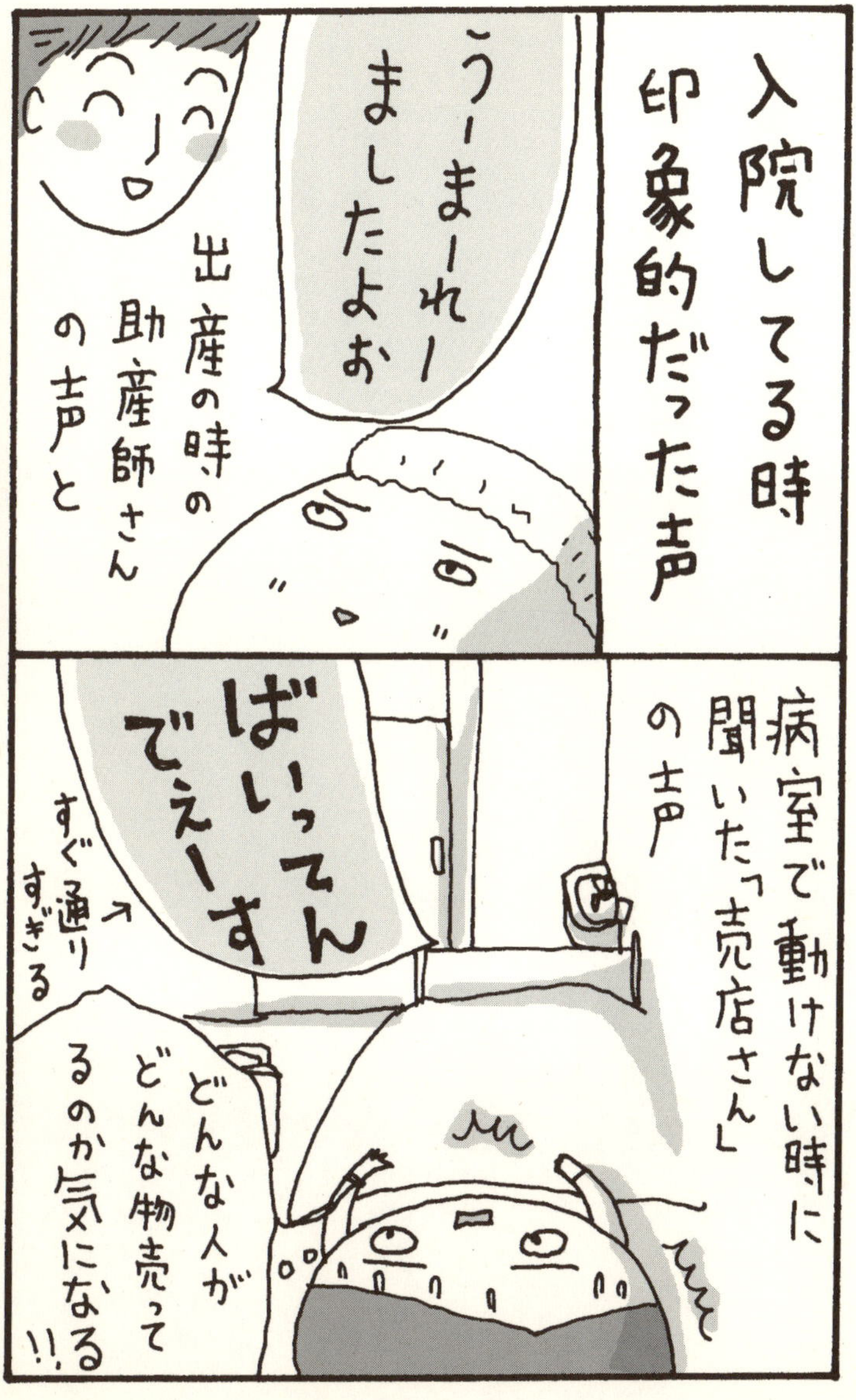
入院してる時、
印象的だった声
うーまーれーましたよお
出産の時の助産師さんの声と
病室で動けない時に
聞いた「売店さん」
の声
ばいってんでえーす
すぐ通りすぎる
どんな人が
どんな物売ってるのか気になる!!

僕は中年男である。うつ病にならなかったら、たぶん今でもサラリーマンをしていた。もう四十代のなかばであるから、初めてのコドモを持つには少し遅い。この年齢だと仕事も忙しかったりして、子育てとは離れた立場に置かれても仕方がない。

しかし、僕は、四十歳目前にして病気が原因でリタイアした。ツレさんはうつになってしまったのだ。それでも、周囲の支えもあって病気はゆっくりと回復してきた。それからの生活は家事中心だ。そして相棒の妊娠を告げられた。

「これは、人生の与えてくれた壮大な課題に違いない……」

と僕は思った。

いっぽうで相棒は、漫画家として初めて「営業をしなくても仕事が向こうからやってくる」という立場になっていた。傍《はた》から見ていても「仕事が面白くてしょうがない」状況のようだ。コドモを産むために拘束されることすらもどかしい……とまではいかないが、コドモができたことでさらにノリノリな精神状態になって、はりきって仕事をしていた。

それが原因かどうかはわからないが、コドモはすぐに逆子《さかご》（骨盤位）*の状態になり、超音波診断を受けるたびに「まだこれからも動くと思うので大丈夫ですけど、逆子なので性別がわかりません」と言われることが続いていた。

回を重ねていくと、検査医の「まだ大丈夫です」というセリフに「たぶん」が加わり、

*逆子（骨盤位）
胎児というものは最初小さいので子宮の中でぐるぐる回っていて、そのうちに頭を下にした状態に落ち着いてくるのだそうです。ところが、何かの理由で頭が上になったまま落ち着いてしまう胎児がいて、それを「逆子」というのだそうな。病院では「骨盤位」の名前で呼ばれていました。逆子とはいうものの、膝を前に出して顔が正面を向いていたりすると、なんだか椅子に座っているみたい。いずれ頭を上にして生活するニンゲンになるので、そういう意味では早熟な子なのかも？

*予定帝王切開
病院に「いついつに切ります」と予約を入れて帝王切開で

「うーん……」という唸《うな》り声が加わってくるようになる。

「また逆子？　性別もわからない？」

と、だんだん相棒も焦ってきていた。

「高齢出産になるわけだし、リスクが増えるのは怖いなあ」

と僕は言った。

なにせ今は相棒に食わせてもらっているわけだし、もし万が一の事故でもあって、相棒が半身不随にでもなったら、乳飲《ちの》み子《ご》を抱えた僕はどうしたらいいのか。僕はそんなことまで心配していた。元来心配性なのだ。

だから、産科医が予定帝王切開*を勧めてきたとき、半ばホッとしながら賛同していた。相棒は自然分娩に未練があるようで、日々「逆子体操*」なるものを試みていたが、効果はないようだった。


予定帝王切開となったことで、コドモの誕生日も自動的に決まってしまった。わからないのは性別だけだ。

手術の前日に、相棒は自分の足で歩いていって入院した。その時点で退院日までの日程もほぼ決まっていた。その日程に合わせて仕事のスケジュールも調整されていた。そうい

出産すること。すでに予約がいっぱいで、一月二十九日しか空いていませんでした。ある意味、コドモの誕生日が決まってしまうわけで、そういう意味では名前の画数よりも占い的に重要かも？　その日しか空いていなかったので、選択の余地はありませんでしたが、予定帝王切開の人もそんなにいっぱいいるんだ、と衝撃でした。

＊逆子体操
「お腹の赤ちゃんが逆子になっているのを直すお母さんの体操」というのが正しい意味ですね。ヨガの「猫のポーズ」みたいな状態で、お尻を上に上げてうずくまったり立ったりを繰り返す体操で、そういうことをしているとお腹の中のコドモがぐずぐず動いているのがわかる……んだそうで。でも、結局逆子は直らなかった。他に足の小指（第五指）の爪の付け根を楊枝で刺激する「逆子指圧」のようなこともしていましたが、これも効き目は今ひとつでした。

う意味では合理的だった。

自分が出産の当事者でないパートナーの立場からすると、自然分娩を選択した場合「いつ産気づくかわからない」「苦しいさなかに入院させなければいけない」「産気づいても、そこから苦しみが待っていて、いつ生まれるかわからない」という点がどうもワイルド過ぎるように思える。延々と陣痛に苦しむパートナーに付き添うというのも、自分の無力感ばかりを味わうことになりそうで気が進まなかった。

ふつうは自然分娩なんだよね。

怖気《おじけ》づいていた僕には、帝王切開はありがたかった。

でも、母体にもコドモにも、自然分娩とは異なる負担がかかるので、別の種類の緊張はあった。術後の相棒は痛々しかったし、入院期間も長くなり、金銭的な負担も大きかった。

二〇〇八年一月二十九日、僕たちのコドモが生まれてきた。とても元気な声で泣いていて、真っ赤でしわくちゃな顔をした赤ちゃんの股間には紫色のオチンチンがついていた。あとで助産師さんが、「へその緒が結ばれた状態*になっていたので、あと数日もしたら危険だったかもしれません」と言っていた。

*へその緒が結ばれた状態
どうしてそういうことになるのかわからん。首にぐるぐる巻きつけて、それから少し緩めて頭をポンと抜いたとか？　ともかくお腹の中はブラックボックスなので、何が起きているのかわからないです。あれだけ進歩的に思えたエコー検診も、そういう警告が出せなかったということで、何のためだったかわからないじゃんって少し思いました。

高齢・逆子に加えて、もう一つ見えないリスクがあったのだ。予定帝王切開を選んで良かったのだと思った。

ともあれ、コドモは男の子だった。僕と相棒の息子だ。

その瞬間に「息子のいる父親」も一人誕生したのだ。残念ながら「娘のいる父親」はどこかに消えてなくなってしまったわけだ。

「はじまり、はじまり〜」という声がどこからか聞こえたような気がした。いや、自分の中でそう唱えていたのかもしれない。

僕たちは、この哺乳類のヒト科の幼体を、成体にするべく頑張らなくてはならない。一般的に言って二十年、このプロジェクトに関わることになる。コドモ大人化プロジェクトだ。僕も相棒も、向いているかどうかわからないが、仕事として考えるとそこそこ興味深い仕事ではないだろうか。

それまで僕は爬虫類やエビは育てたことがあったのだが、ヒト科の幼体は、そのうちに二足歩行を始め、コトバというものを覚え、大人になってしまう。そうすると、「それ」というかペット的だった立場から「彼」になり、対人関係が発生してしまうのだ。

だけど最初は人間としても未熟であることは確かだから、ずいぶん手を焼かされるのだろう。僕はこれまで勤めた職場でしばしば上司に「君は人を使うのがヘタだ。育てるのもヘタだ。甘やかしてばかりでなっちゃいない」と叱られていたことをちょっと思い出す。僕にヒトを育てることなんてできるのだろうか？

それでも僕のコドモは僕に育てられる。赤ちゃんから幼児になり、児童から生徒になり、思春期を経て、やがては親である僕を超えた存在になっていく。……ぜ〜んぜん想像がつかない。ま、コドモは勝手に育つもんで、親である僕はそれをサポートしてやればいいのらしい。それに、親は僕一人じゃなくて、僕よりも逞《たくま》しい相棒も一緒なのだ。

「なんとかなるだろう」と口の中で唱えた。

たぶん、みんなそうなのだ。コドモが生まれたとき、どこの父親も母親も、何度もこのセリフを口にするに違いない。「なんとかなるだろう？」と。「いや〜不安だ」と本音を口にしてもいいが、「なんとか・なる・ような」気も確かにするから。

うちのベビーバスは空気でふくらませるビニール製
ドキドキ
歌ってなごます係
♪ちー君 おフロは キモチ いい？
♪
うわあ
私の使い方がヘタで何度かひっくり返りそうになった
ぐらっ
たいへんだー
♪ちー君 おフロが テンプクだあ〜

僕は三十九歳のときに「うつ病」をやらかしている。それは、ものごとを観察して判断する自分自身のほうが壊れてしまうような病気だった。外を観察しようと思ったら窓がペンキで塗り込められているみたいな感じ。だから、そのときの体験は、いまだに自分のこととして把握するのがむずかしい。どこかの暗い部屋に閉じ込められていたような数年間だった。

その病気に陥るきっかけは、過労と頭の使いすぎだったと思う。

兆候としては、眠れなくなり、頭の中をぐるぐると仕事の設計が回っていた。気分が落ち込んでくる直前には、昼夜の区別がなく、漫然とした睡眠不足状態だったのだ。

今回、新生児との付き合いで、最初に悩まされたのは「睡眠不足」だった。新生児にはなぜか昼夜の区別がない。数時間ごとにオッパイ*を飲み、ウンチをし、眠る。首はグラグラで、自分の体位も変えられない。だけど突然両腕を天井に向けて持ち上げたりする。

＊数時間ごとにオッパイ
うちのコドモは最初の三ヵ月は「一時間ごとにミルク」だった。あれは参ったなあ。通常は「二、三時間おき」だそうですが、いろいろと個人差もあるらしいです。

＊モロー反射
オーストリアのお医者さん、エルンスト・モロー氏によって発見された反射。反射そのものはおサルさん時代からずっと人間に備わっていたと考えられるので、モロー博士が注目したということでしょう。このモロー博士、僕は「ドクター・モローの島」の人と一緒かと思っていました。そちらはSF小説家のH・G・ウェルズが創作した人物のようです。

バンザイのようなこの動作は「モロー反射*」と言って、人間が猿のようだった時代に親に抱きつくための動作だと説明されているが、もちろん人間の赤ちゃんは親に抱きつくほどの筋力もない。

人間の赤ちゃんは、他の動物と比べると「未熟な」状態で生まれてきているのだ。母親のお腹の中にいるときは、「全自動」で栄養をもらって生きているのだが、生まれてくると、母親の体液を吸って育つ。母親の体液（通称「オッパイ」）は自動的に作られているので「半自動」みたいな状況になるはずなんだが。

うちの場合は、相棒の乳の出が良くなかった。だから「全手動」になってしまった。もっとも、粉ミルクという便利なものがある。寝ぼけながらでも「調乳*」し、哺乳瓶に入れて飲ませれば良いのだ。僕と相棒は交互に台所に立ち、粉ミルクを熱湯で溶かし、湯冷ましで薄めて、哺乳瓶を用意した。調乳に立たなかったほうがガーゼハンカチや替えオムツを用意し、乳を飲ませる準備をした。

＊調乳
変換イッパツで出てこない単語ですね。粉ミルクの粉末を、沸かしたお湯少量で溶かし、湯冷ましを加えて体温と同じくらいにする。濃度を整えるというよりも、温度を整えることのほうに重点を置く感じです。粉ミルクの缶の中に、けっこう大きな専用スプーンが入っていて、これでスリキリ何杯とか、きっちり計るので、正しい量を作れば正しい濃度になっているハズです。

一度に飲む量は、多くて八〇cc程度。もっと少ないときもしばしばだ。

それで一時間から二時間もすると、またお腹がすいてしまう。顔を真っ赤に変色させながら大泣きして乳を欲しがる。エンドレスだ。

もちろん、それに付き合わされる親はちっとも眠ることができない。赤ちゃんと一緒に横になることはできるが、続けて二時間三時間の睡眠は得られない。母乳が出る母親の場合は「半自動」方式でモウロウとしながら乳やりをしたりするらしいが、うちは「全手動」なので、頭をはっきりとさせ、粉ミルクを計り、お湯を沸かして調乳をしなければならない。すぐに断眠修行*のようになってしまった。

「これは、戦場だ。戦場に放り込まれたようだ……」

そう感じた。その状況下で僕はやはり、うつ病の再発を恐れた。

自分のテンションが上がっていると感じたら抑え、落ち込み始めていると思ったときは、とりあえず細切れでも多めに睡眠を補給しようと努力した。

*断眠修行
人間から睡眠を奪い、ときどき強い刺激を与えて、偏った情報だけを与え続けると「洗脳」ができるらしいです。僕らも睡眠を奪われ、強い刺激を与えられ（泣き声）、偏った情報（育児雑誌や本だけを読む）だけで生活することで、育児マシーンに仕立てられたのかも……なんて考えたりもした。

育児に気持ちが集中していたこと、それからこまめに自分の疲労をチェックしていたことが功を奏したのか、僕の病気が再発することはなかった。もちろん育児疲れで不安定な気持ちになってしまったことは、幾度かあった。

「なんでなんだ、人間のコドモ。自分の面倒を見てくれるはずの一番大切な親を、なぜこんなに苦しめる……」

そういうふうには感じた。

どういう仕組みになっているのか、わからない。自分を守ってくれる親が弱って倒れてしまったら、コドモも生きていけないはずなのに、人間のコドモとはそういうようにできているらしい。

まだ弱々しい命のトモシビが、すぐに消えてしまいそうな状態でゆらめいている。

僕たちは、それを本気で絶やさないようにしなければならない。

コドモは、生きているんだか死んでいるんだかわからない（いや、確かに生きているの

ではあるが）か細い状態でありながら、泣き声だけは異様に大きく、僕たちは緊張の糸がほどけそうになると、その泣き声で睡魔《すいま》の底から引っ張り上げられる。この生まれたばかりのコドモに付き合わされている日々が、いままでの育児の中でいちばん大変だったと思う。

それはコトバで説明できる「大変さ」ではなく、切ないような逼迫《ひっぱく》した緊張だった。痛みにも似ていて、個人的な体験を伝えにくいばかりか、記憶にも残りにくいもののように思える。

のちのちの子育てプロジェクトもいろいろ大変にはなっていくのだが、まあ、物を壊されたり、他の人に迷惑をかけたりというのは、記憶にも残りやすいし、他人とも共有できるような「大変さ」だ。大変は大変なんだけど、生まれたばかりのあのときの緊張感と比べれば、どっしりと安定した「大変さ」だ。

僕たちにとっては、生まれたばかりのニンゲンと付き合うことが想像を超えてすごくハードだったのである。

でも、ここでガツンとやられたせいで、逞《たくま》しくなったのかもしれない。

自分も、赤ん坊だったとき、こんなエイリアン*ぶりを発揮していたのかと思うととても不思議だ。

*エイリアン
そういう題名の映画があったので、その印象で呼んでみました。映画では、宇宙から気持ち悪い異生物が来て、宇宙船や惑星に取り付くという話だった。でもエイリアンって「異邦人」とか「外国の人」って意味なんだよね。僕もフランスでよく「アリアンセ」（エイリアンのフランス語の発音）って呼ばれてましたもん。

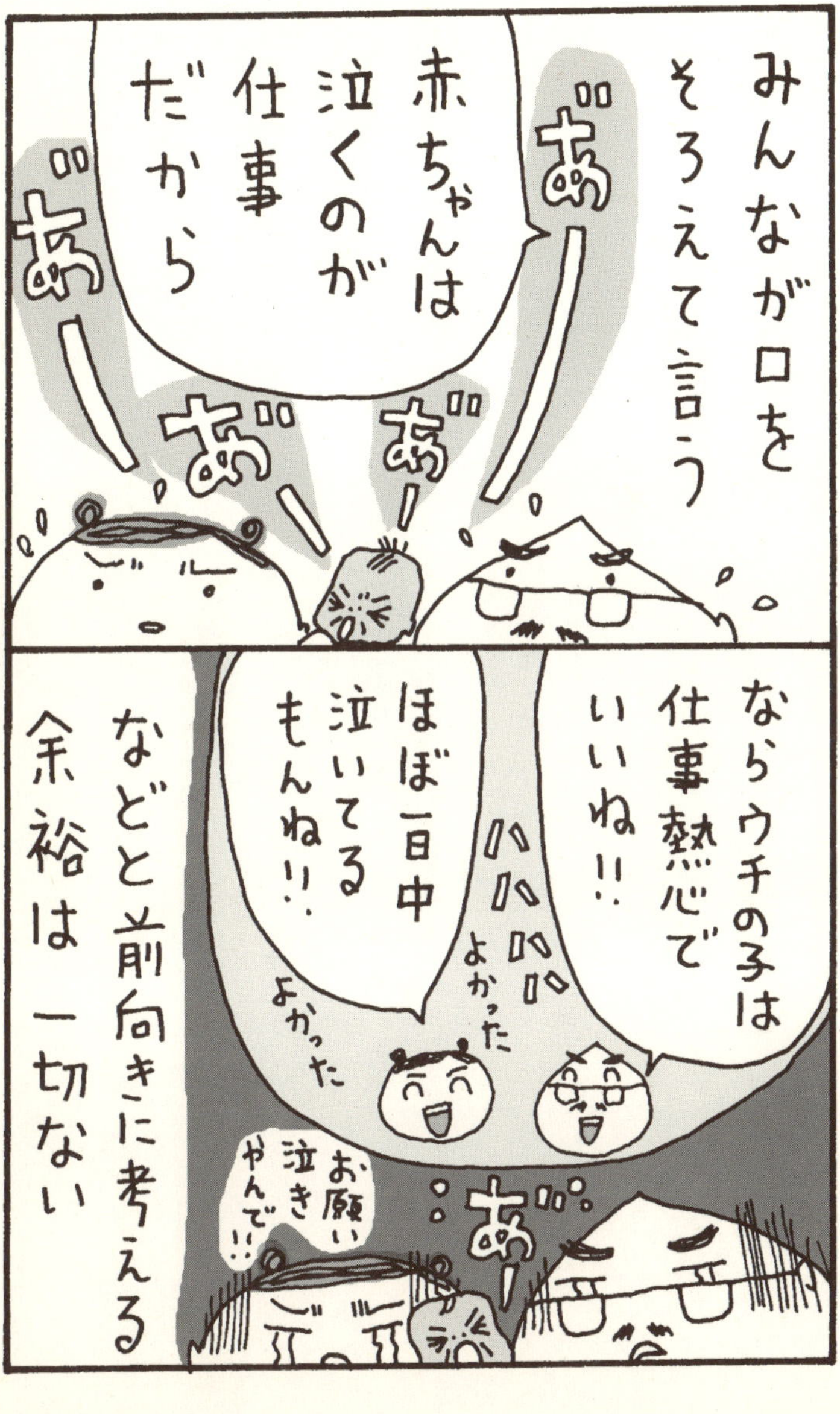
みんなが口をそろえて言う
あ゛ー
赤ちゃんは泣くのが仕事だから
あ゛ー
あ゛ー
あ゛ー
ならウチの子は仕事熱心でいいね!!
ほぼ一日中泣いてるもんね!!
ハハハハ
よかった
よかった
などと前向きに考える余裕は一切ない
あ゛ー
お願い泣きやんで!!

育児の負担は、だんだん僕のぶんが多くなっていった。最初からそういう取り決めだったし、僕もはりきっていたのだ。

ベビーバス*を使って、二人がかりでおっかなびっくり沐浴《もくよく》をさせていたのが、首がすわる頃になると、僕が抱いて一緒に風呂桶に入るだけでよくなる。相棒が外出しているときは一人で入れることもできる。

首すわりというのは大きな出来事だった。

ニンゲンのコドモは、それまで、自分の頭の重さを支えられず、顔も動かすことができないのだ。

それは、体重や発育に関係なく、生後三ヵ月くらいに達成されるもののようだ。首がすわると視線も定まるようになり、表情も出てくる。布団の上で手足を動かして、太極拳をしているような動きもできるようになってきた。

一日のリズムもなんとなくできてきて、夜の授乳が三〜四時間おきになった。これは大きな変化で、それまで「断続的に起こされる」と感じていたのが「夜十一時に授乳して、一度だけ起こされて、次の日の朝五時か六時に授乳すればいい」という気構えになるのだ。

「一番タイヘンなのは終わったな」

と相棒とも話していた。相棒はそろそろ仕事に復帰していた。

*ベビーバス
重要なアイテムながら、すぐに不必要になって場所を取っていてジャマになるものの典型かもしれないなあ。うちでは空気でふくらまして使うものを使っていた。自分の呼気で、きっちりふくらませようとすると、自分がふらふらになる。手を抜くと、ベビーバスがぺにゃぺにゃになる。どっちにしても、つらい状況です。

ところが、この頃に原因不明の「たそがれ泣き」というものが始まってしまった。「三ヵ月コリック*」ともいうらしい。ともかく夕暮れどきになると、泣くのだ。理由がわからない。それまでは原因不明であってもミルクをやったり、抱いてゆさぶってやると収まることが多かったのだが、今回はどうしても泣きやまない。一時間二時間と抱っこしたり、泣かせたまま外出したりすると、いつの間にか収まっていくのだが。

「泣くな泣くな」

「ああわかった、悲しいね。つらいね。でも大丈夫だよ」

「おーおー、悲しい悲しい。タイヘンだタイヘンだ。よしよし」

などと言いながら、毎日毎日この「たそがれ泣き」に付き合わされていた。この「たそがれ泣き」が出てこない、大丈夫な日もある。泣いてもすぐに収まる日もある。しかし、「たそがれ泣き」がひどい日は夕食の支度《したく》もおざなりだ。泣く子を寝室に放置して夕食作りを続行してみたこともあったが、このときは火に油を注《そそ》いだようになってしまった。しょぼい夕食が何日か続いたときに、ついに相棒から苦言が出てしまった。話はコドモの「たそがれ泣き」のことに及んだ。

「泣いているのは、きっとどこか体に悪いところがあるんじゃないの？　そういうのは病

＊コリック
　Colicというのは、お腹が痛いことを意味するのじゃないかと思う。でも、ここでは何が悪くて泣いているのかわからないというようなニュアンス。日本語でも「疳の虫」みたいな表現があるけど、その「虫」みたいな感じ？　本当に虫が取り付いたみたいに、意味もなくわけもなく、何をやっても収まるでなく、泣き続けるのだった。あと、大河ドラマの「篤姫」が始まると泣くのだった。

気なんだから、病院に連れて行って原因を取り除いてくればいい！」

相棒の、この女性にしてはあまりにもオヤジらしい、「育児ちゃんとやれよ」的発言を聞いたとき、僕は切れてしまった。そして、いつか言うだろうと思っていたこのセリフを口にしてしまった。

「……泣きたいのは、こっちだよ……」

そして、切れてちょっと暴れた。新聞紙や広告チラシを破いたり、中味の入っていないプラスチック哺乳瓶*を壁に向かって投げつけた。そしてワンワンと泣いた。

僕は、うつ病を患っているときは理由もなくよく泣いたが、病気が治ってからは「うれし泣き」以外ではあまり泣いたことがなかった。でも、この子育ての辛《つら》さにはやっぱりたびたび泣くことになってしまった。恥ずかしながらの泣きべそ育児である。

新生児育児をしている頃は、続けて何時間も寝ることができない。それがそのまま日常になる。仕事では睡眠を削る必要があっても、何日かのうちにはまとめて寝ることができたのだが、コドモの授乳に付き合っているとそれができない。知らず知らずのうちに感覚もコドモと共有するようになり、独特の緊張感に包まれるようになる。そんなとき、大人社会のめんどくさい「責任」とか「義務」とかを正論ぶって持ってこられるとパニックに

*プラスチック哺乳瓶
哺乳瓶には「耐熱性ガラス」でできている「ガラス哺乳瓶」と、「耐熱プラスチック」でできている「プラスチック哺乳瓶」があります。前者は「重い」「保温性にすぐれている」「割れやすい」「熱で成分が溶け出したりしない」という特徴があり、後者は「軽い」「保温性はイマイチ」「割れにくくて丈夫」「もしかしたら熱で何か溶け出すかも」という特徴がある。それで、ガラス製のほうは落としたりぶつけたりすると実に簡単に粉々に割れます。僕はわざわざ、大丈夫なほうを選んで八つ当たりしていたのだった。そののち、コドモが「ガラス哺乳瓶」を投げたことがあって、固い床にぶつかって粉々に割れてタイヘンだった。

なる。

いっぽうで、日々小さなコドモを抱き上げているので、なんだかニンゲンというのは小さくて頼りないものだという感覚が染み付いてしまう。たまに相棒のことをハグすると「なんと大きくて立派なんだ。すごいぞビッグで丈夫で頼もしいぞ相棒」などと思ったりする（念のため、本当はうちの相棒は華奢《きやしや》なフツウの女性です）。

所用があって、久しぶりに単身で外出すると「身軽だ。すごいぞ。どこへでも行けるぞ」などと思う。そのくせ二十分おきに自宅に電話してコドモの安否を確かめているのだが。

そして、極めつけのヘンな心もちは、そう、久しぶりに電車に乗ったとき。これも久しぶりに見る大勢の人たちを「こんなに育って、なんて素晴らしい」と思ってしまったことだ。

杖をついている老人を見てさえ「うちのコになんだか似ている。僕の息子が、ここまで育って年老いたみたいだ。足が悪いようだが、がんばれよ」と心の中でエールを送ったりしている。それどころか、女性や外国人を見てさえ「みんなコドモだったんだ。うちのコみたいな。よく大きくなったな。がんばれよ。お父ちゃんは応援しているからな」と続いてしまう。

そうだ、ここにいる人たちは、みんなうちのコみたいな赤ちゃんだった、そして誰かが献身的に世話をして、とってもゆっくり大きくなったんだ。知識としてはあたりまえの了解済みのことが、とても生々しく実感される。勝手に感動し、勝手にみんなの父親気分になっている。

睡眠不足が続いて、きっとヘンになっていたんだろう。だけど、僕は確かに地上すべての人の父親になっていた。そして過去から未来まで、すべての赤ちゃんの育て親の気分になっていた。それって神様と一体化してしまったのじゃないだろうか。なんて不遜《ふそん》な。

「みんな生まれてきたんだ。だから、ここにいる。僕もそうなんだ」

僕はそんなことに気づかされ、また戻って育児に新たな気持ちで取り組めると思った。そして「コドモを持つことは変動の大きな現代社会ではリスクが大きすぎる*」などともっともらしく発言していた過去の自分を、とても遠いものに感じ、羞恥心《しゅうちしん》も覚えた。

*コドモを持つこと〜リスクが大きすぎる
実はコドモを持つ持たないにかかわらず、コドモを持つことが可能な世代がリスクフルな状況にさらされているという前提があります。なので、さらにリスクを増やしそうなことに手を出すことが躊躇されるというところなんでしょうか。

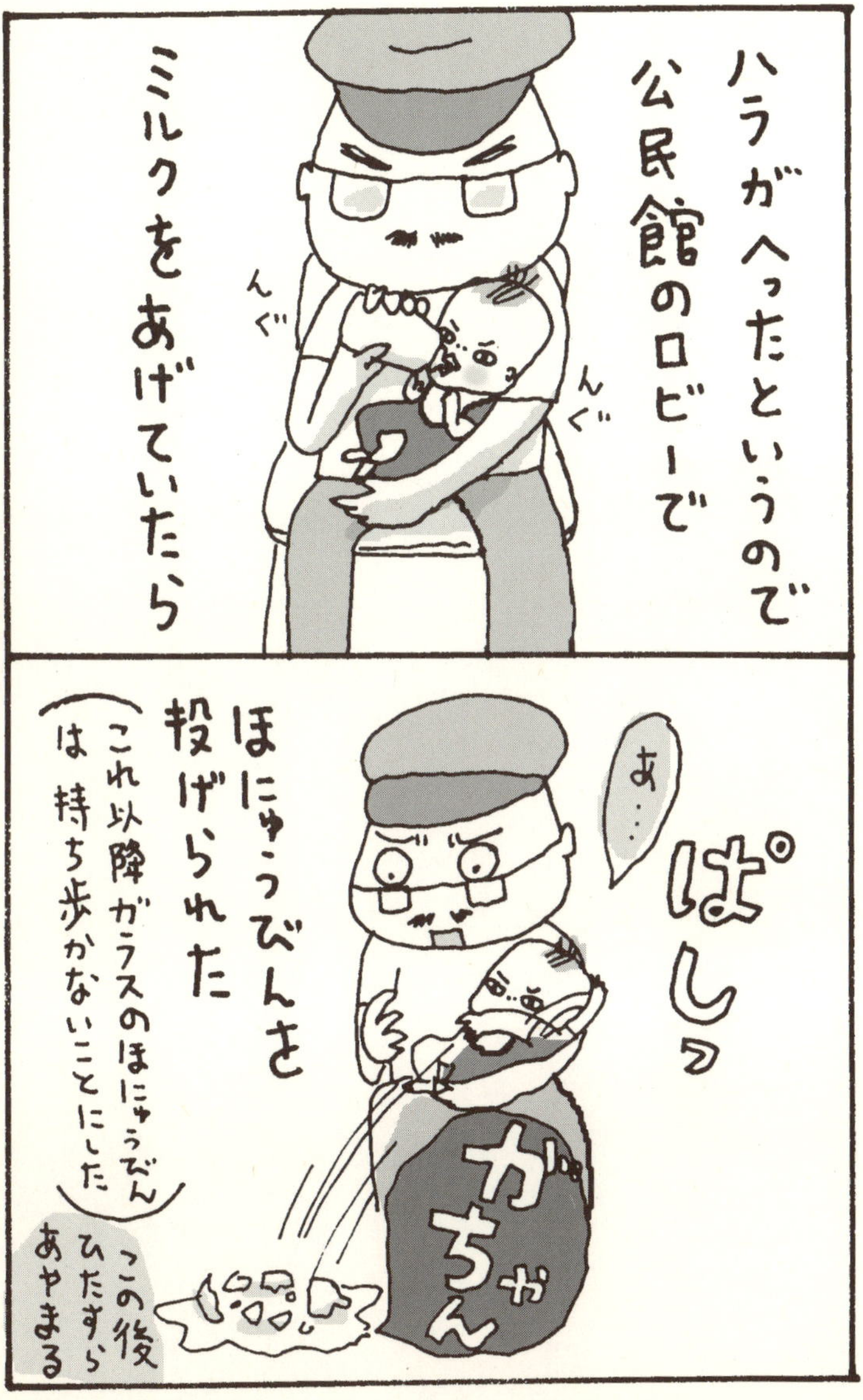
ハラがへったというので
公民館のロビーで
ミルクをあげていたら
んぐ
んぐ
ほにゅうびんを
投げられた
（これ以降ガラスのほにゅうびん
は 持ち歩かないことにした）
あ…
ぱしっ
がちゃん
この後
ひたすら
あやまる

三ヵ月の首すわりのあと、コドモは視線を僕らに送るようになり、可愛い声で「あーうー」と言うようになり、呼びかけると笑うようになった。四ヵ月、五ヵ月にもなると体を動かし、布団の傾斜を利用して腹ばいになってみせたりもする。

オムツも「新生児用」を卒業して「Sサイズ」になった。

赤ちゃんは赤ちゃんだが、なんだかニンゲンのコドモらしくなってきたのである。

あいかわらずゲップはへたくそで、胃の中に空気が残っていると、腹ばいになったときピューッと口からミルクを吐いてしまうこともままあったが、こちらもそういうことに慣れてきた。

「両親ともに胃腸が強くないので、仕方ないよね」

ゲップに失敗するとシャックリが出てしまう体質は、相棒と一緒だ。

コドモが生まれてから百日目*には「お食い初め」という儀式をする。

これはいわば、大人にとっての「離乳食」の授食シミュレーションみたいなものである。

*百日目
　新生児育児を考えると、このへんに節目があるというのはもっともらしい。百日くらい経つと首がすわるし、昼夜関係なく泣いていてタイヘンだったのが、昼四、夜二くらいの授乳で済むというリズムもできてくる。いや、親からすれば、夜寝かせてもらえるようになるというだけで素晴らしい。お食い初めの儀式は「百日よく辛抱しました、おめでとう」というようなお祝いのようにも受けとれる。

コドモのほうはまだぜんぜん、乳以外のものを受け付ける様子はないのだが。

「きっと、戦国時代の武将みたいな人だと、ワシのセガレはすぐに乳など卒業するのじゃ、などと言って早くゴハンを食べさせたがったから、そういうのを戒めるために『お食い初め』を設定して、百日が過ぎるまでは絶対に食べさせないようにしたんだよ」

という僕的な珍説を相棒に向かって吹聴してみたが、聞き流された。

相棒が取り寄せた卓袱台《ちゃぶだい》の上に、オカユ、野菜の煮物、大根の塩もみと煮豆、アンコの詰まった鯛焼き（尾頭付きの魚の代わり）を並べ、コドモに箸で食べさせるマネをした。

コドモはキョトンとしていた。


本当の離乳食を始めたのは、生後六ヵ月が過ぎてからだった。その頃には僕らが食事をしていると、コドモもなんとなくそれを見上げて口をもごもご動かすようになっていたのだ。

「おいしいものを食べているって、わかるんだ！」

「まだ自分は固形物を食べたことがないのにね」

ほとんど重湯のような「十倍粥*」は何度か食べさせていたが、大人のほうも勝手がわからず、まだ全然本気を出していなかったのだ。

「さて、離乳食開始かな？」

すり鉢で里芋やカボチャを潰したものを作り、小さな匙《さじ》で口に放り込んでやると、ヨダレをたらしながら食べた。口の中には下の前歯が二本生え始めていた。

この日はパクパクパクと、驚くほど食べた。

離乳食が軌道に乗り、僕も嬉しくなっていろいろな豆やオートミールなどを粥のように煮たり、裏ごしの野菜を加工して食べさせた。

牛乳が苦手なようだったので、さっさと離乳食主体に移行してしまえば楽かと思ったのだが、粉ミルク依存はまだまだ続いた。でも、胃腸が丈夫になってきたのか、牛乳に対しての相性の悪さも克服しつつあった。

季節が良くなってきたので、僕はコドモをしょっちゅう外に連れ出した。横抱っこから縦抱っこに移行し、対面抱っこから前向き抱っこにと姿勢が変わっていった。

コドモは首を動かして、さまざまなものを目で追った。まだ近くのものしかはっきりと

＊十倍粥
お粥って「三分（さんぶ）粥」「五分（ごぶ）粥」みたいな表現をするので、つい「十分（じゅうぶ）粥」って言ってしまうんだけど、「十分粥ってふつうのご飯のことですよ」と指摘を受けて気づいた。水が十倍入って量がだいたい十倍になるお粥って「一分（いちぶ）粥」なんだそうだ。重湯よりちょっと重い程度のお粥という意味で「十倍粥」と書かせてもらいました。

は見えていないようだったが、僕が歩くと周囲の風景が変化するのが楽しいらしい。ニコニコしたり、驚いたり、怖がったり。その表情の変化を見ているだけでもとても面白かった。そしてコドモが周囲の世界をどんどん受け入れて、そこに馴染《なじ》んでいく様子も興味深かった。

コドモの視線を通して見ると、世界が一変して見えた。もちろん、コドモの表情を見ながら、僕が勝手に想像しているわけなんだが。コドモの表情を見ていると、全てのものが愉快で楽しく、希望に満ちているようだった。もちろん、コドモが疲れていたり調子の悪い日には、ビクビクして、世界が怖くて脅威に感じられるときもある。僕も慌てて、帰りを急ぐ。

誕生から七ヵ月が過ぎた。夏だった。

バス停でコミュニティ・バス*が来るのを待っていたとき、僕の胸にくくりつけられていたコドモが突然右手を水平に突き出した。手の動きが自由になる時期じゃないし、何かを指し示すこともまだまだなかったので、どうしたことかと思ったら小さな右手に甲虫《こうちゅう》が這《は》っていた。テントウムシだった。もぞもぞして、とてもびっくりしたらしい。テントウムシはコドモの指先まで這っていって、そこから羽ばたいて飛び去った。

*コミュニティ・バス
浦安市では「おさんぽバス」と呼ばれています。隣の市川市にも同じようなバスがあって、百円でどこまでも行けるので「ワンコインバス」と呼ばれていたな。寄り道が多く、速度も遅いので、目的地までの所要時間で考えると、歩いて行くほうが早かったりする。そんなわけで、お年寄りやコドモ連れが乗っていることが多いです。

コドモはその甲虫の移動形態の一瞬の変化に戸惑ったのか、目を見開いて、とても驚いたふうだった。

僕もちょっと感動した。彼はまた、何か新しいものに出会ったのだ。一日の中にこんな驚きが幾つもある。コドモの一日が長いわけだ。

蝶や蛾に驚き、部屋の中に進入してくる小さな蠅《はえ》に気を取られ、セミの声にパニックになり、蚊に刺されて足をぷっくらと腫《は》らした。それにしても日本の夏は活発な昆虫とのニアミスが多いものだ、と改めて思い知らされた。前の年も、その前の年も同じように昆虫とのニアミスがあったのに、コドモがいなかったからそれを意識することがほとんどなかったんだ。


さて、虫が活発に往来し、僕たちのコドモはすくすくと成長していたのだが、そんなこんなとは別に、テレビや新聞のニュースは元気がないようだった。秋口には政治も経済も迷走*し、不況が決定的なものになってしまった。

僕もニュースを見ているとちょっと暗い気分になりがちだったが、いっぽうでコドモに目を移してみると、政治も経済も大人の作った虚構という気がしてしまう。コドモはコトバがわからない。札束も広告チラシも区別がつかない。そういうところはイグアナやカメ

*政治も経済も迷走
　このときは米国の「リーマン・ブラザーズ」の破綻に始まる、通称「リーマン・ショック」という信用不安が起きていました。いっぽうで日本では、流動化した雇用をいっぺんに整理する「派遣切り」なんてことが横溢していた。政府は「百年に一度の経済不安」という認識を示したが、対策はバラ撒き財政の強化くらいしか思いつかないようだった。

と一緒だ。

コドモは僕らが上機嫌だと一緒になって喜び、僕らが腐っているとなんとなく不機嫌になっているようにも見えたが、親の気分よりは本人の健康状態や気候によって幸福が決定されているようだった。

そして彼はけっこう逞しく、気候に対する順応性も高い。だから毎日、好奇心に満ちた目で周りを眺め回し、驚き、ニコニコと笑い、少しずつできることが増え、そのことが得意で仕方ないというそぶりを見せていた。

「コドモって、凄いや。希望のカタマリだ」

と僕は思った。どんなに暗い世相でも、たとえ戦時下でも、コドモはたくさん生まれてくる。いや、むしろ個人の力ではどうしようもない状況のほうがコドモが多く生まれているようにも思える。それはきっと、コドモが希望のカタマリだからなのだろう。

そうだとすると、少子化といわれる今の日本の状況はどうなんだろう。

僕たち夫婦も長い間「自分たちにはコドモなんかふさわしくない」と信じ込んでいた。コドモができなくても積極的に持とうとは思わず、むしろ子育ての資格がないかもしれないと考えていたのだ。それは経済的な見通しが立たないこと、自分に自信が持てず気持ちがフラフラしていることなどが主な理由だった。

でも、それだけじゃない。「僕たちはコドモなんか持っちゃいけない」と考えるべきだと、誰かにそそのかされていたように思う。それは時代の空気かもしれない。「少子化は困る」と言いながら、所得の再分配システムでは子育て世代にもっとも優先度の低い位置づけをする政治。人類が地球を汚して壊しつつあるのだから、暮らしていくための行為を減らすべきだと説く行き過ぎたエコロジー＊。仕事こそ唯一の人間的な価値であり、その評価のモノサシである年収を上げるために無駄なことは一切排して競争せよという市場社会の原理。

それらの考え方が、知らず知らず心の中に染み付いていて、コドモを持つことは酔狂で無駄で悪ですらあると、そう思わされていたのだ。そう思わされることで、希望のカタマリを取り上げられていることにも気づかず……。

＊エコロジー
ここではエコロジー批判みたいな書き方をしてますが、僕の認識としては、多くの思想や信条、宗教などが説得力を持たなくなった現在、唯一もっともらしく感じられるのが「エコロジー」なんじゃないかと思うんです。ただ、なんというかインスタント的に「スイッチ切って節電すれば、地球にやさしい」みたいのが嫌い。というのは、「人為を排すれば排するだけ正義」のような考え方を進めていくと「人為」すなわち人間の数を減らしていくことが正しい、というような結論にたどり着いてしまうので……。

この「子育てをする」という権利を行使することは、当初は少しだけ後ろめたくあったのだけれども（僕などは闘病で社会から落ちこぼれ、復帰を図っている最中だったのだから尚更だ）、切符を切ってしまった今ではなんだか自然なことに思える。泣き叫ぶコドモを抱え、電車の中で必死な顔でコドモをあやしているなんて立場は、個人的には究極の困難と闘うヒーローみたいだとさえ思う。地味だが、コドモの精神と車内の平和の二つの世界を守ろうとしているのである。

しかしまあ、このヒーローはハタ迷惑なのだ。なにせ余裕がない。

見習いのランプの精のように、赤ちゃんの奴隷になっているからかもしれない。

もちろん、この赤ちゃんというやつは、君臨する主人としては文句なしに正義の部類に属するのではないかと思う。なにせピュアで潔癖で、生きること以外に無駄な欲もなく、確実に成長しながら希望を振りまいているのだから。

デパートでのこと
ママ'S ROOM
男性の方は
ごえんりょ
ください
ぷーん
ウンチした
て
えっ!?
ゴメンよー
こんな所しか
オムツ替えるとこなくて…
男子トイレ
便器のフタの上
→

壮大なプロジェクトの第一段階も、一区切りが過ぎようとしている。

この連載を始めたとき、うちのコドモは七ヵ月だったが、早くも一歳の節目を迎えてしまった。コドモは新生児から乳児になり、乳児から幼児への発達の入り口にかかっている。

もちろん、まだミルクの入った哺乳瓶は手放せないし、オムツが取れるのもずっと先だろう。コトバだって出てこない。だけど直立して歩き始め、顔つきも幼児らしくなり、僕のことを保護者として重要な人物と認知して追いかけ回している。

僕は果たして、第一段階をうまくやってのけたのだろうか？

それはまだわからない（そこにどんな精神が育ってくるのか、結果がわかるのはまだ先だ）が、生き物としては、すくすくと発育を遂げてきたように思う。とりあえずはそれで良しとしようか。


周囲を見回すと、最近はずいぶん男性の育児参加が進んできているように思う。

もちろん、そうでないケースのほうが多いのかもしれない。しかし、時代の流れは「男だって育児ができる」という潮流がメインストリーム*だ。そうはいっても、我が家のように、「男親が主体」になっているケースはやや希有《けう》だろうか。うちの場合は女親も脇にいるが、彼女はいわゆる「父親的役割」をこなす感じになっている。

＊メインストリーム
いや、やっぱりメインストリームは「育児は女性がするもんだ」だろう。「男だって育児ができる人もいるかもしれない？」程度の認識だろう。ときどき、年配の女性に「男に育児ができるはずがない」的態度を取られて傷つくこともありました。

育児当初の、昼夜の区別のない「人間としての立ち上げ時期」には、かなり対等に育児を分担していた。しかし相棒が復職してからは、僕が育児に主に関わるようになってしまった。そこで感じたことは、

「育児ってけっこう、誰がやってもムズカシイぞ」

ということである。男性であるから困難だ、と感じたことはほとんどない。

しばしば「母性神話*」みたいなものを耳にする。コドモに相対する女性の、ほとんど神秘的なまでの一体感や、あたかも優れた猛獣使いのような完璧なコントロールを目《ま》の当たりにして「お母さんって凄い」と周囲に思わせてしまうものだ。育児から遠い世界に生きる男性に「育児はやはり女性の本分」と思わせてしまうにふさわしい輝きを放っているわけだが。

これは実は、育児にかまけていると男性でも到達できる領域なのではないか。

……と、最近思っている。

実際に、育児歴三ヵ月、育児歴六ヵ月の母親を見ると、まだ拙《つたな》い様子に「がんばれ」と声をかけたくなる僕である。ということは、一年育児をやったこの僕は、彼女たちよりも熟練の領域に達しているのだ。そう。育児を一年やれば、コドモの側も親に合わせてくれ

＊母性神話
これも説明しようとすると説明できないなあ。女性はもともとコドモを育てる能力を持っていて、それは男性が持っていないものである、というような思い込み？　他に「三歳になるまでは母親が育てないと荒くれた大人になってしまう」などの「三歳児神話」というものも耳にしました。父親が育てた場合はどうなんだろう？

るようになってくる。そうするとぐっと楽になるのである。

そして、もう一つ重要なところは、育児をやる上で女性的なセクシュアリティは全く必要がないということだ。男らしくガツガツと作業し、コドモに「ブワー」と話しかけ、ワシワシと離乳食を口に突っ込み、お尻に鼻をつけてくんくんと嗅《か》ぎ、オムツ替えのときは「動くと承知しないぞ」と脅しながら（それはちょっとやり過ぎか）育児をしても何の問題もないのである。男は男らしく育児だ。

男らしく豪胆にやっていても、いっぽうで繊細さを欠くことは許されない。五感を研ぎすまし、何かをしながらでも、常にコドモの動向に気を配るというマルチタスクな生活を余儀なくされる。五感の中でも嗅覚《きゅうかく》は特に重要で、オムツの中の状況を確認したり、夜に布団の中にいるときにときどき頭の匂いを嗅ぐことで発汗の様子を把握したりもする。

スキンシップというか、コドモと肌をくっつけていることも多い。昼間は、イタズラを防いだり、こちらの言うことを聞かせるためにしょっちゅう抱き上げる。

泣いては抱き上げ、コテンと寝てしまえば抱き上げて移動だ。夜はぐずれば自分の布団の中に入れてしがみつかせる。男に生まれて、こんなに同性（僕のコドモ）とベタベタする羽目になるとは思わなかったが、いろいろ発見もあって面白い。眠くなると頭が熱くなるとか、手足から熱を発散させているところとか。

　プロジェクト第一段階の僕の日課は、ほぼ次のようであった。

　朝は外が明るくなると目を覚ます。だいたい午前六時くらい。コドモとほぼ同時である。なんとなくコドモを抱いたまま、ぼーっとしている。相棒が先に起きて活動をしていると、ぐずぐずしている二人は叱られる。

「まったく、どこの王様と王子様だ？　あーん？？？」

　そう言われる前に起き上がるよう心がけている。

　起きたら、まずコドモの朝食だ。生後半年頃まではミルク。半年を過ぎたら離乳食である。食パンのパン粥、乳幼児用ヨーグルト、バナナ半分といったところである。膝《ひざ》の上に拘束して食べさせる。腹が一杯になってくると口から食べ物を出したり、フラフラと移動してしまったりするが、根気良く食べさせる。所要時間は十五分から三十分。それが終わったら、オムツを替え着替えをさせ、大人の朝食だ。

　午前中に掃除などの家事を済ませてから、買い物に行くことが多い。抱っこ帯*にコドモをくくりつけ、コドモと二人で近所のスーパーに行く。図書館に寄ることもある。買い物の前後にコドモのオヤツ（ミルクで済ますことが多い）を与える。

＊抱っこ帯
　我が家では「だっこたい」と発音しています。ショップの店員さんがそう言っていたので。アップリカ社製の迷彩色の「親の身長一七〇センチ以上」向けのものを使っていました。迷彩色で一七〇センチ以上ということは、おおむねパパ向け製品という意味だと理解しています。現物を見たことがない方には、コドモをがっちり親の体にくくりつける、立体おんぶ紐みたいなものだとご理解いただければ。

＊テレビ賛否両論
　いつの間にかテレビも「ブラウン管」から「液晶」「プラズマ」などに進化しているのだった。でも「明るくて光っている」というところは変わってないです。それがコドモの目に良くないのではないか、とか、大きな音や一方的に押し付けられるオシャベリ、さらには洪水のように変化する色彩などが、無力で無防備なコドモにとって無力感を助長するのではないか、

戻ってきて昼食の準備だ。しばしば帰り道でコドモが寝てしまうので、家に着いたら布団の上に放り出し、単身食事作りに熱中する。相棒が仕事場から戻ってきて、あーだこーだといろいろな話をする。だいたいこのへんでコドモが短い昼寝から起きてくるので、離乳食を急遽《きゆうきよ》作り、相棒に託して食べさせてもらう。それが済んだら大人の昼食だ。

午後は三時過ぎになると、相棒と一緒に近所を散策することが多い。いくつか馴染みの店を作ったので、そこに行ってぼーっとしている。最近は同じような境遇の子育て両親族もやってくるようになったので、情報交換もする。

午後四時くらいには戻って夕食の支度を始める。五時頃からはＮＨＫの教育テレビをつけ、コドモをテレビの前に座らせておく。賛否両論*ありそうだが、コドモは「ピタゴラスイッチ」だの「ぜんまいざむらい」だのを夢中になって視《み》ているので、すかさず料理作りに熱中するのである。六時にはコドモを風呂に入れる。自分も一緒に入る。コドモを風呂から出したら、離乳食を食べさせる。それが済んだら大人の食事である。

八時くらいにはコドモを足で押さえつけ、一緒に布団に入る。コドモがうとうとしてきたら本を読んだりヘッドフォンで音楽を聴くこともある。頭を剃《そ》りたい日*にはもう一度風呂に入る。

午後十時くらいには寝てしまう。

というような批判がある。いかにももっともらしい。でも、テレビの前に置いとくと、その間ぐずったりしないんだよな。親としては「猫にマタタビ、コドモにテレビ」。どうしてもというときは、テレビの存在は本当に助かる。だから、過度になりすぎないように気を配りながら頼ってました。

*頭を剃りたい日

僕はスキンヘッドという髪型です。勤め人のときは二ヵ月おきに床屋に行く短髪でしたが、うつ病闘病のときには床屋に行って希望を伝えるのが億劫でバリカンで刈る「一分刈り」にしてもらってました。しかもそれだと、月に一、二度は床屋に行かなくてはならないので、剃刀で自分の頭を剃ることにした。一度剃ってしまうと、それなりに快適で、病気が治ってからもずっと続けています。剃る頻度としては、だいたい週一度。家事を担当する立場としては、清潔なのもいい。

週末は夕方のテレビ番組に変更があるくらいで、ほぼ毎日同じような日課である。ただ、コドモの昼寝のタイミングで午後の散策がずれたり、相棒の仕事ラッシュの手伝いで食事が出前になったりすることはある。

さて、こんな生活をしばらく続けていて、その結果どうなったであろう？

なんと、一歳間近になったコドモは、僕に対して「後追い」を始めたのである。通常は母親にぴったりくっついて片時も離れたくないというそぶりをするのだが、我が家の場合は、父親である僕に執着してしまったのだ。僕のことをファースト・パーソンとして認識したのである。

ファースト・パーソンというのは（女性の大統領の夫のこともそう言うらしいが）この場合「世界で第一の他者」みたいな母親的立場の人のことである。その人がいないと生きていけなくて、大好きですがっていたい、ビッグで頼もしい、世界一の存在。「おふくろ」「グレート・マザー」……イタリア人の「マンマ・ミーア」みたいな感じ？

僕がそんなものになってしまったのだ。なんということだ！

巨大ロボ
メタボリックA《エース》
発進!!
しゃきーん
ロボットアニメの主人公っていうより
かに道楽のかにだよ
はっ
クス
あわふいてるし
ブクブク

我が家では男親である僕が、子育てを主に担うことになった。

コドモがまだボーッとしていて、首がようやく安定してきた三ヵ月頃から、昼間は僕が抱いて外に連れ出し、夜は横に寝かせてときどき抱いた。ミルクをやり、オムツを交換した。

女親である相棒も、よく話しかけ、ときどきミルクをやりオムツも交換したが、その頻度は僕の三〜四分の一くらいだった。朝、昼、晩の食事のときは共に食卓を囲み、僕が頼んだときは、コドモを見てくれる。その育児協力度は、たぶん一般的なサラリーマン家庭の夫たちよりは高かったように思うのだが。

八ヵ月を過ぎた頃から、コドモは見知らぬ人に警戒をするようになり、同時に僕に付きまとうようになった。僕を「ファースト・パーソン」として認識したのである。世界の中で「無条件に信頼できる確かな人」として僕を選んだのだ。

ちなみに、ペットのイグアナ君たちも飼い主のことを把握し、安心した態度を示す。しかし、彼らは見慣れない服を着たり、髪型を変えたりすると、飼い主のことがわからなくなってしまう。

さすがに、人間のコドモはそうした表層に惑わされることはなかった。どんな服を着ても、帽子を被《かぶ》っても、ファースト・パーソンである僕を見失うことはないようだ。布団の中や押入れなどに隠れても、声を出すと探しに来てしまう。「見かけ」「声」「その他の動きや態度」などを全て複合して、ファースト・パーソンであるかどうかを見分けている。

「パパをママと勘違いしているのね」

というシビアなご意見を頂戴したこともある。うむ、通常のファースト・パーソンである母親と比べるとごつい。声が低い。乳も出ない。だけど、大丈夫なようだ。コドモが無理をしてストレスが溜まっている様子もない。

僕は思う。……そもそも育児に、これが絶対必要だという要素はない！

「あると便利なもの」は、ある。

それは「母乳」「腕力」「持久力」であろう。「よく通る声」とか「鋭い嗅覚」とか「紙オムツ」とか、あればさらに便利なものも細かく存在するが、とりあえず「あると絶対に便利」なのは「母乳」「腕力」「持久力」の三つだ。

パパはそのうち「母乳」が出ない。「持久力」も怪しい。しかし「腕力」は他のママに負けないのである。

うちのコドモはベビーカーが嫌い*だ。しかし、腕力のない小柄なママだったら、ベビーカーを嫌いなどというゼイタクを言わせておくわけにはいかないだろう。ベビーカーが

＊ベビーカーが嫌い
もしかしたら「軽くて畳むと持ち運びに便利」なものをチョイスしてしまったから、それがイヤだったのかも。ベビーカーには三種類あって、首がすわらないうちから寝かせてセットすることができるA型。座る形で乗せるB型。兼用のAB型というものがあります。A型専用が一番大きくて、次に兼用。B型が一番小さいのですが、さらに「バギー」なるものもあって、うちで購入したのは、おそらくこの「バギー」に相当するものだったんだろうか。

なければ、コドモを連れて買い物に行くこともできないに違いない。

しかし、我が家の場合は「抱っこ帯」にくくりつけて外出することで、ベビーカーに乗せなくても用が足せるということをコドモに知られてしまった。

抱っこ帯は最初「横抱っこ」にして使っていたが、そのうち「対面抱っこ」になった。六ヵ月頃からは「前向き抱っこ」で僕の腹の上にくっついている。これは視点も高く、僕が歩くと移動速度も速いので、大変に気持ちいいらしい。

というか、コドモの身長で考えると、一七五センチの僕って、まるで「巨大ロボ*」だよね。

同じ年頃のベビーカーに乗せられたコドモとすれ違うとき、わが息子の頰《ほほ》に「ニヤリ」と優越感の笑いが見えたように思うのは錯覚か？

巨大ロボを操縦するような、いわゆるロボットアニメの主人公は、精神的には成長しても体重が二倍になったりしないと思うが、うちの主人公は少しずつ体重が増えていって、今や八キログラム弱である。しかし「巨大ロボ」のほうは、それにあわせて仕様を変更するわけにもいかないので、足腰の負担を軽くするため、とりあえず五キロほどダイエットしてみた。簡単に五キロ減ったわけは、相棒の「産後の肥立ち」に追従して僕もゴハンを

＊巨大ロボ　古くは「鉄人28号」。これはラジコン方式で動かしていましたね。僕がコドモの頃に視た「マジンガーZ」というのは、頭にはまって操縦していた。だから、ここで喩えたところの胸にくくりつけられているスタイルというのは、巨大ロボというより「モビルスーツ」、つまり「ガンダム」とかのタイプだろうか。

たくさん食べ、二、三キロは以前より肥《ふと》っていたからだ。

このダイエットで、コドモの体重の増加ぶんの足への負担を軽減したと思われるのだが、コドモの外出欲も増し、僕も慣れてきたので、コドモを担いだまま、図書館に行ったり、買い物に行ったり、あるいは方々の公園にも出かける。

出かけて戻ってきて「コドモ・図書館の本・食料の入った袋」を携えたまま体重計に乗ってみたら、九〇キロを超える数字を目にすることができた。そんなだから、時として足がガクガクになる。

腰が痛むというトラブルも、二度ほど味わった。

腰が痛むときは奇妙なもので、ふつうに歩くよりベビーカーを押しているほうが楽なのだ。お年寄りの手押し車みたいなものである。なので、強制的にコドモをベビーカーにくくりつけて、にわかベビーカー愛用者になった。コドモは不満で泣き声を上げるが、たまには仕方がない。

「えーい、みんな本当はこれでガマンしているのだ。キミは何が不満なの？」

と、言ってみるが、自分も満員電車が不満で仕方なかったので、「みんながガマンしている*」というのは（上の立場からは）言い訳にならんと思う。思うが仕方ない。腰が痛いうちは巨大ロボもお預けだ。

*みんながガマンしている
人生で何度も聞かされたが、これほど説得力のない理屈もないと思う。でも、自分が親になると言うもんなあ。僕の育ってきたフランスでは「神様がそう決めた」と「そういう仕組み（仕様）になっている」とか「何の問題もない」というのが殺し文句でした。あれもよく考えると説得力がない。

コドモにとってのファースト・パーソンであることは、いろいろと楽しい。無条件にこんなに慕われるというのは、大人になってこのかた、なかったことである。「恋愛をしている」ときもこれほどではなかったと思う。

コドモに「ブチュー」とキスをしようが、新聞紙を丸めて引《ひ》っ叩《ぱた》こうが、裸になってヘンな踊りを見せようが、あるいはコドモの鼻先でオナラをしようとも、全部大うけになる。ま、度が過ぎると泣くが。コドモにとっては、全部「正しく」「愛に満ちた」「大好きな人の行為」なのである。こりゃ参った。

しかし、ファースト・パーソンは時として疲れる。大好き光線をあまりにも浴び続けると、孤独の闇に逃げ込みたくなる。

コドモは意識ある限りファースト・パーソンについてくる。いわゆる「後追い」だ。お風呂でも、着替えでも、トイレの中で用を足しているときでも、ひたすらにじりよってくる。べつに変態じゃないし邪気もない。コドモとしてはアタリマエのことらしい。

とはいえ、体が小さいからいくぶんは許せるが、ともかくしつこい。洟《はな》垂れヨダレまみれの男が僕を追いかけてくる。ときにはオムツの中にウンチをしのばせて。ああもう、うっとーしい。

最初のうちは、バランスの悪いハイハイで追いかけてきていたが、だんだんハイハイも能率がよくなり、そのうちに高速のハイハイになる。そしてつかまり歩きから自立歩きに。気が付くと、空港で久しぶりに会った西欧人のように、顔を見ながら走りよってきて抱きつくのだ。コドモは西欧人でもないし、久しぶりに会ったわけでもないのだが。

まだ喋《しゃべ》れないので「うふーん、うふーん」と言っている。やっぱりうっとーしい。

ところで、家事の現場というものは、明治生まれの僕の祖母の頃からすると、とてつもなく効率的になり、便利な道具がいろいろ入り込んできて、作業が楽になったと言われている。薪《まき》でゴハンを炊き、川で洗濯をした祖母のコドモ時代からすると、ＩＨコンロで調理をし、全自動洗濯機で洗濯をするのは、ずいぶん簡便になったと見えることだろう。

育児の現場でも、いろいろ効率的な変化があったと言われる。僕が育児されていた時代（僕の母の育児）と比べても、布オムツが紙オムツになり、型紙から作った子供服がカタログショッピングになっている。住宅の気密性も上がり、暑さ寒さのストレスも減った。が、しかし、それだけだ。それ以外の、たぶん九十パーセントに及ぶ育児の面倒なあれこれは、僕の母や祖母の頃とあまり変わっていない。さすがに祖母がコドモだった頃（曾祖母の育児！）と比べると、衛生状態*が異なってくるので比較はできないと思うが。

*衛生状態
　ほんの百年前まで、コドモというのは二人に一人は死んでしまうものだったらしい。生き残り率が飛躍的に向上したのは、殺菌された水道水の普及に伴ってということだそうだ。水道水の殺菌効果はすごいもので、そのへんは水槽の生物を飼ってみるとよくわかるんだけど。水道水はほとんどの生物にとっては「毒薬」なんです。逆に、人間にとっては、すごい消毒効果のある「魔法の消毒薬」です。育児マニュアルを見ていると、煮沸消毒しろとか、消毒の薬を使えとか書いてあるけど、ほとんどの場合、水道水できっちり洗っておけば十分。

昔と変わらない面倒な育児の現場に立っていると、空調のよく効いたオフィスで勤め人仕事をしていた頃をふと思い出す。僕はあのとき、自分の体の存在すら忘れてしまうくらい、精神的な存在になって仕事に没頭していたのだなと思う。そして、今ではかすかにしか覚えていないが、なんだか重要に思える仕事をやっていた。最新の技術の発展を支え、世の中の変化を推進する立場にあるんだなと思っていた。

今は、思う。そんなことは、コドモにとってはあまり意味がない。そして今の僕にも意味がない。今の僕は、腰痛だったり筋肉痛だったり、熱いとか冷たいとか臭いとかウルサイとか、自分の体と感覚を駆使する前線に立っている。今の僕の自慢の愛用品は「すり鉢」と「スリコギ」である。これで何でも潰してしまう。茹《ゆ》でたジャガイモ、ニンジン、ご飯、焼き芋や豆腐も潰してしまう。そしてコドモの口に放り込んでやる。

だいたい、初めてのものは、べーべーと床の上に吐かれてしまう。掃除はあまり行き届かない。そのうち、まとめて、きちんとやろう。

しかし、そのうち、っていつのことだろう？

男の子は しょっちゅう 熱出すから 病院に何度も 行くわよ
六カ月
今のところ大丈夫
一歳すぎたら お母さんからの 免疫がなくなる から すぐに 熱を出すわよ
一歳一カ月
今のところ 大丈夫…
だけど これから大変なのか？

一歳未満のコドモを育てていると、どうしても病院というところに足しげく通うことになってしまう。いや、育てる前からである。相棒が妊娠してから毎月産科に通っていたのだ。出産前健診というやつである。

そして誕生の直前にはその頻度も増した。相棒は帝王切開を決め、コドモが誕生したのも病院である。高齢の帝王切開だったので十日間入院した。コドモは付き合わされて同じだけ入院したことになる。僕も病院に毎日通った。

そして相棒とコドモの退院から二十日後には、一ヵ月健診というものがあった。雨降りだったのでタクシーを呼んで病院に行った。

そのあとも、三ヵ月健診、六ヵ月健診があって、予防接種が幾つかあって、そのたびに病院に行く。移動手段はだんだんラフになる。抱っこ帯だったり、腰を痛めてベビーカーに乗せたりもした。

現代の日本では、誕生から乳児期という「人間の立ち上げ」時期は医療でフォローしているのである。だから医療の加護を受けるため、病院というところに行かなければならな

いのである……ということだ。

赤ちゃんの健診は、身長や体重を計り、「成長曲線」というものを見せられ、また身体の特徴的な発達（「視線」「首すわり」「寝返り」「ハイハイ」など）についての質問や視認が行われ、問題なく成長しているのかを養育者はあらためて確認することになる。

「やや小さいけど、標準の範囲で発育していますね。目もよく見えているし耳も聴こえています。首もすわってきてますね。順調に育っています」

お医者さんのこんな一言で安心させられて帰路につくのである。


ところで、病院に行くのは、こうした定期的な予定内行動に加えて、非常事態というときもある。コドモを育てる前から、子育ての経験者にはしばしば、

「男の子は突然調子を崩すから、たびたび病院に連れていかなければならないよ」

と言われていた。

どうも多くの経験者の話を総合すると「女の子は比較的丈夫だが、男の子はすぐにピン

チになる」ということのようだ。そのときはまだ自分たちのコドモの性別は不明だったが、男の子を持つ親の苦労話を聞かされて、どうも女の子のほうが面倒がなくていいのでは、と思ってしまったくらいだ。

個別のケースを聞いても、「突発性発疹*」とか「けいれんを伴う発熱」「下痢と脱水症状」「アレルギー性の呼吸困難」「皮膚炎」など、聞いているだけでも怖い症状のオンパレードである。

そして、自分のことを思い返しても、コドモの頃よく発熱した記憶がある。病院に行ったことはモノゴコロついてからは殆《ほとん》どなかったが、母子手帳を見ると予防注射の記録に混ざって「自家中毒*」などと書いてあったりするのだ。

「うーん、男の子ってタイヘンそうだ。育てるのなら女の子がいい」

と僕と相棒、僕の母と相棒の母も同じように発言していたが（父たちには別の希望があったようである）、そうした育児に直接携わったことのある人たちと、これから携わる人たちの思惑を反古《ほご》にして、生まれてきたのはオチンチンのついた男の子だった。

「男の子が生まれたからには、ときどきは病院に駆け込むことも覚悟せねばなるまい」

と、僕は思った。

*突発性発疹
通称「トッパツ」。そんな通称があるくらいメジャーな病気なのか？　メジャーな病気らしいです。ヒトヘルペスウィルスという、ほとんど人間と共存しているウィルスによる、コドモの頃に一度だけ、高熱と発疹を主症状として起こす病気だそうな。熱と発疹もほとんど経過は良好で、怖い病気ではないらしい。でもビックリする。そして「トッパツ」の通称から受ける印象通り、突然に発病する。大人はみんなこのウィルスを持っているので、コドモもほとんど全員このウィルスに感染して症状を出すものと考えて良いらしいです。……でも、うちのコドモの場合、どの時点がトッパツだったのかよくわからないんだよな。

*自家中毒
食中毒が原因でなく、食中毒のような嘔吐症状を起こすという病気。僕は自分ではそのような病気になっていたという記憶

若い頃は病院などほとんど訪れたことのなかった僕だったが、近年は「貧血」や「うつ病」、また発情期のイグアナに手を咬《か》まれるなどの騒動もあり、「救急外来」というところに駆け込むこともしばしば。なんとなく病院が自分と近しいものに思われてきてはいる。

出産予定日の半月前に帝王切開で取り出されたコドモは、相棒の乳が出ず、おまけに牛乳が体質に合わなかったため、成長のほうも「小さめ」で推移した。三ヵ月コリック（たそがれ泣き）や、蒸し暑い夏の夜泣きにもずいぶん悩まされたが、とりたててピンチになるような事態はなかった。体は小さいながらも、すぐに歯が生え、いろいろなものを食べだしたが、ここでもアレルギーなどもないようだった。「小粒ながらも、意外に丈夫」な人間としての立ち上げ期を過ごしつつ、一歳の誕生日を迎えようとしていた。

しかし、である。ついに病院に駆け込む日がやってきてしまったのだ！


その日、僕は腰痛を抱え、なんとなくどんよりした気持ちで過ごしていた。

コドモは数日前から歩けるようになっていた。つかまり立ちを卒業して、手を離してソロソロと歩くのである。東欧のオジサンの民族舞踊のように両手を上げ、右手と右足、左手と左足が同時に前に出たりしていることもある。そして数歩進むと、転ぶのである。

大人だったら、ああいう転び方をすればダメージ大きいだろうなと想像するのだが、顔

はない。でも、コドモってよく吐くよなあ。いや、そういう水準ではなく、やっぱりグッタリして食欲もなかったんだろうか。

から床にぶつかっていく。しかし平気である。すぐまたハイハイの姿勢になり、何かにつかまって立ち上がる。そんなことの繰り返しである。

しかし、何度も転んでいるうちに、突然火がついたように泣き始めた。

「何かの角で、頭をぶつけたのか？」

と思って駆け寄っていき、コドモの様子を調べた。顔を真っ赤にして泣き叫んでいる。

しかし、頭にも顔にも傷はない。打ち付けた様子はない。

さらによく調べると、左手を右手で押さえている。左手が痛いのだと気づいて、指の様子を見ていくと、なんと左手の薬指の爪が直角にはがれているのである。

「爪、爪、爪が、はがれた〜」

と僕は動揺した。相棒は仕事の打ち合わせで出ていたので、僕がなんとかしなければならない。保険証と母子手帳をリュックに詰め、コドモを連れて家を出た。

腰痛だったので、本来ならばベビーカーに縛《しば》り付けて行きたかったのだが、泣き叫んでいるコドモをベビーカーに据え付けるのはためらわれた。抱っこ帯も腰に悪そうだったので、ただコドモを担ぎ上げて、自分の腰をかばいながらソロリソロリと歩いて近所の病院まで行った。こっちが今度は東欧のオジサンのフォークダンス*である。

コドモは外に出たことで気がそれ、途中で泣きやんで、病院につく頃には機嫌の良さそ

＊東欧のオジサンのフォークダンス
僕の偏った思い込みからくる記述かもしれない。エミール・クストリッツァ監督の『アンダーグラウンド』とかに出てくるヒゲのオジサンたちが、列になって指を鳴らしながら行進していくのである。『その男ゾルバ』とかにも似たダンスがあった気がするから、ギリシャ起源かもしれない。

うな声すら出していた。

病院はたまたま空《す》いていた。混んでいる日は午後に受付に行くと三時間待ちくらいになってしまうので、運が良かった。

先生に、

「爪を、はがしたんです」

と焦って報告した。

「血は出ていますか？」

と訊《き》かれたので、あらためて爪とその周囲を見てみた。

「……血は出ていません」

「ほう」

と先生は、コドモの手を調べ、グラグラとはがれかけている爪を触った。

「……これは、爪が死んでいますね。でも大丈夫、あとの爪ができてきていますよ。何か前に、指をはさんだとか、そういうことはなかったですか？」

言われて僕は思い出していた。半月ほど前に、コドモが扉のチョウツガイ*のところに指を突っ込んで遊んでいて、激しく泣いていた事件があったことを。そのときも確か、左手の薬指にちょっぴり血が滲《にじ》んでいたが、消毒してバンソウコウを巻いてやったらおとな

*扉のチョウツガイ
扉っていうのはなかなかに危険なんだが、開け閉めする方だけじゃなくて取り付けられている根本の方にも危険があるんである。そんなわけで扉というものはもう全般に危険でイヤだなあと思っていたのだが、その後、引き戸でも楽しそうに遊んでいて指を挟んだこともあった。戸棚の引き出しで指を挟んだこともあった。もう、コドモって、開け閉めするものはみんなダメ。

しくなったので、大事《おおごと》ではないと思っていたのだ。

「指をはさんだことが、あったと思います。そのあと、爪が白っぽくなっているとは思っていました。それで爪が取れやすくなっていたんですね」

「この爪は根本のところから切っておきます。そのうち元に戻るので大丈夫ですよ」

と言われて、僕はとても安心した。

コドモはすっかりキョトンとしていた。ぜんぜん非常事態ではないのに、病院に駆け込んでしまったことに思い当たり、僕はちょっと恥ずかしかった。

そして帰り道は、コドモを抱えて帰るのがとてもとても重く感じられた。

戻ってきて相棒にテンマツを報告すると、「どうして自分の腰痛も診てもらわなかったんだ」と突っ込まれた。そういや、そうだった。

僕の腰痛は、無理をしてコドモを担いでいったせいで、二、三日は長引いていたが、一週間もするとほとんど気にならなくなった。コドモの薬指も、すぐにヘソ付きアンパンのような形状になり、三週間もすると通常の爪の様子に戻っていった。

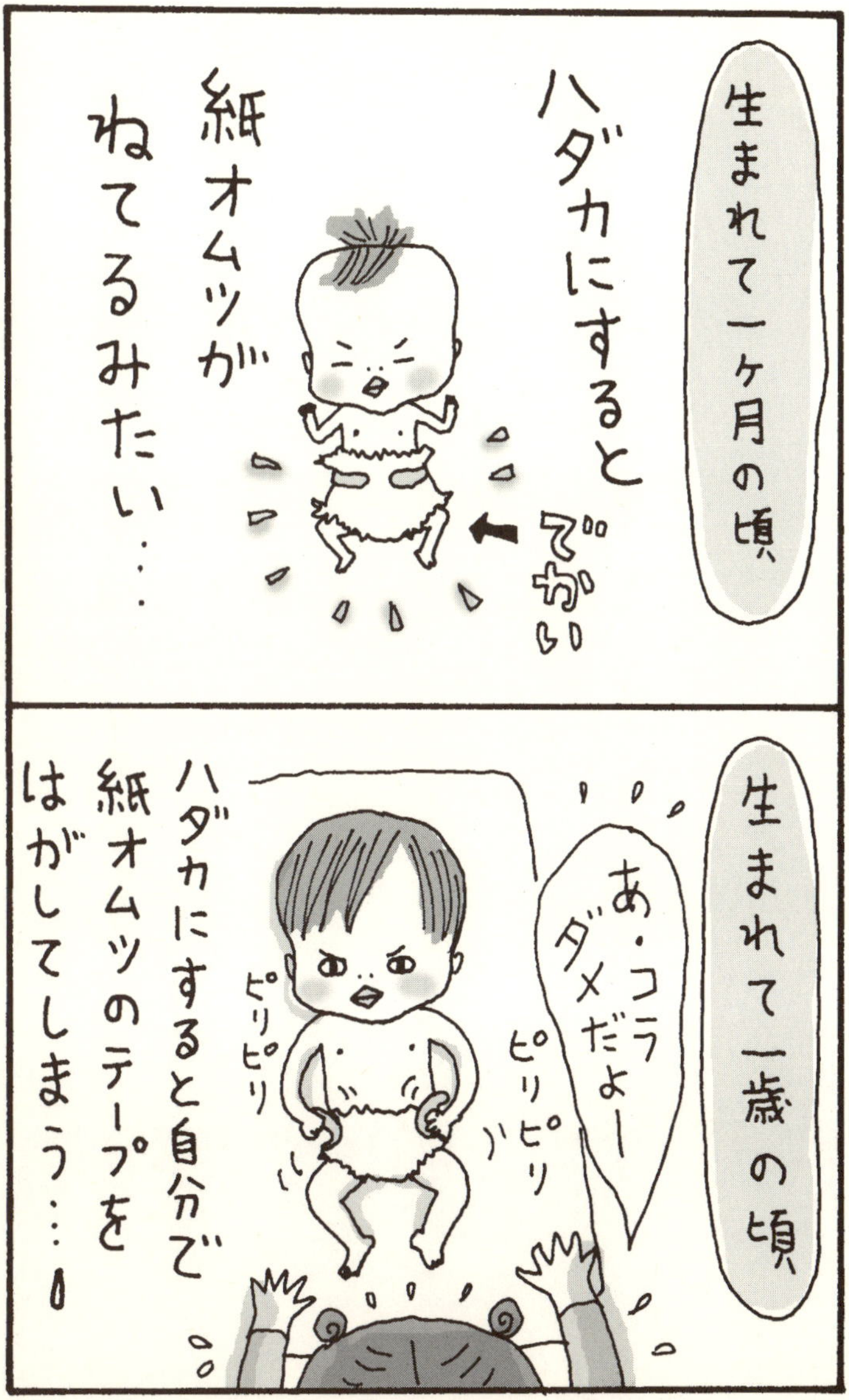
生まれて一ヶ月の頃
ハダカにすると
紙オムツが
ねてるみたい・・・
でかい
生まれて一歳の頃
あ・コラ
ダメだよー
ピリピリ
ピリピリ
ハダカにすると自分で
紙オムツのテープを
はがしてしまう…!

さあ今回は、子育ての二大巨峰のひとつともいえる、オムツとその中味についての話題を書こう。ちなみに、二大巨峰のもうひとつは「おっぱい」だ。

おっぱいについては、さんざん書いてきたが、うちの相棒は残念なことに母乳の出が良くなかった。でも、そのおかげで（粉ミルクを使うことで）僕が育児の第一人者になることができたので、それもまた良しとしよう。

で、さて、入れるものがあれば出すものもある。インプットとアウトプットだ。こういうエッセイを書くときは「お食事中の方は飛ばしてください」などと書いたりもするものだが、僕らはしばしば食事中にウンチ攻撃にさらされているので、すっかり平気になってしまった。ライブ感を味わいたい方は、食事中に読んでみるのもいいかもしれない。

というわけで、経験者ならではのリアルな筆致《ひっち》で、さまざまなビロウな話を列記しよう。どうも嬉々として書いているような気がしなくもないが、やはり二大巨峰なので、テンションも高くなるのである。

まず、現在のオムツは「紙オムツ」が主力である。僕が乳児時代を送った頃には、この紙オムツは高価な上に機能も劣り、第一選択肢ではなかったらしい。

その頃は、布オムツが主流だった。もちろんその布オムツ、今でも愛好されている方もいると思う。布オムツは、繰り返し使える点は良いのだが、吸水がイマイチなので赤ちゃんにとっては不快感があるらしい。そして、なんといってもこまめな洗濯と乾燥が必要である。「大きいほう」をした場合、メイン部分を水洗トイレに流したあと、キレイになった便器の水でオムツを下洗いするというワザを用いたりするので、いきおいトイレの掃除もこまめにするようになるという利点はある。でも、洗濯はタイヘンだし、オムツカバーから、中味がはみだしたりすることもあって、（使っていないのに言うのもナンだが）手間と面倒がかかるものだったみたいだ。

いっぽう、現在主力の「紙オムツ」は、幾つかのメーカー*から出ているが、価格やサイズ、機能に微妙な違いはあるものの、個人の体形や皮膚との相性を考えると大同小異。吸水力はあるし、横モレも抑えられる。使用後は捨ててしまうので、使うのはいつでも新品だ。なかなか便利でよろしい。この紙オムツ、形状は「前から見たパンツ」と「後ろから見たパンツ」が股の部分で接続された蝶のような形をしている。そして蝶の形に対して水平に、帯のように吸水シートが取り付けられている。この部分がガッチリとオシッコをとらえて離さないのだ。この吸水シートの部分には、黄色い試験紙のようなラインが入っていて、乾いているときは黄色だが、濡れると青くなる。青くなったからといって吸水力が落ちているわけではないので、すぐにオムツ替えをしなくても大丈夫なのだが、最初の

＊幾つかのメーカー
パンパース、メリーズ、ムーニーあたりが主要メーカーというところだろうか。病院でパンパースを使っていたので、そのままパンパースを使い続けた。パンパースは当初は象のマスコット（名前は「パンパ」）が描かれていて、可愛くて好きだったのだが、途中からベネッセとの共同開発になって、「しまじろう」がプリントされるようになってしまった。パンツタイプを使うくらい成長してからは、メリーズのも使ってみたが、メリーズもなかなかいい。

頃はよく取り替えていた。

この紙オムツは「新生児用」と「Sサイズ」「Mサイズ」「Lサイズ」がある。他にトレーニングパンツというものもある。また、「新生児用」よりも小さいサイズがあるらしいのだが、あまり見かけない。我が家の場合は、最初の一ヵ月半が「新生児用」、次の二ヵ月半が「Sサイズ」、そのあと延々と十ヵ月くらい「Mサイズ」を使い続け現在に至る。

蝶の形の片方が「うしろ」であり、「うしろ」にはマジックテープのついた紙のバンドがついている。それを前に回して、お腹のサイズに合わせて前で留める。

赤ちゃんが小さくてほとんど動けないときから何度もオムツ交換をするので、睡眠不足でモウロウとしていても可能になるほど、作業が手馴《てな》れてくるのだが、やがて成長したコドモは足をばたつかせたり、腰をひねったり、立ち上がろうとしたり、「抵抗を示す」ようになる。それでも押さえつけて手際よくオムツ交換をやってのけてしまうのだ。このへんになると、傍目《はため》には職人技のように見えるに違いない。

さて、そして、オムツには中味がある。中味が出たのを受け止めるのがオムツの宿命なのだ。この中味には「小さいほう」と「大きいほう」がある。「小さいほう」に関しては交換も楽だ。そして、紙オムツが「Mサイズ」くらいになると吸水力も格段に増しているので、パンパンに膨らんでも多少は放っておける。それでも数時間たつと、オムツが膨らんで、見た目にも格好わるい。コドモが歩けるようになると、短足のタヌキの焼き物が歩いているような感じに見える。股の間に「水風船」をぶらさげているようだ。

紙オムツの交換について、産科で受けた指導では「授乳の前に交換し、授乳の後にも交換する」ということだったが、これはいくらなんでも多すぎる。だいたい、ミルクをやって少しして「大きなほうが出てこないことを確認して」交換するというのが妥当ではないだろうか。しかし、しばしば「よし交換だ」とやったあと、大きなほうが出てきたりすると、なんだか損をした気になるものだ。

あと、交換中にモタモタとやっていると、男児の場合オシッコの噴水を浴びることもある。何度か場数を踏むと、手に持っている紙オムツの吸水部分を上からさっと押し付けるということができるようになるのだが、動転しているうちに周囲が水びたしになってしまうこともあった。

「大きいほう」に関しては、乳児期の前半はウンチといえども大便にあらず、という感じだ。色は鮮やかな黄色か、緑色をしている。柔らかいと黄色、水分が吸収されて濃くなると緑色になるようだ。しかし、なぜあんな黄色や緑になるのかは不思議だ。飲んでいるものはいわゆる「乳白色」をしているのだが。匂《にお》いも「炊飯器のフタを開けたとき」の匂いだったり「ヨーグルトメーカーでヨーグルトを作っているとき」の匂いのようだったりする。量も少ない。

この時期にはトイレに流すほどのものでもないので、紙オムツを畳んで、そのままビニール袋に入れて捨てる。臭くもないし、楽である。たまに大量に出てきて溢《あふ》れかえり、戸惑うこともあるのだが。

それが離乳食を開始すると、少しずつウンチは大便になってくる。色も茶色っぽくなり、しかしまだミルクが主食なので、微妙に以前のおもかげもある。消化できなかったツブツブの野菜などが混じっていたりもする。このオムツはトイレに持っていって、便のところをトイレットペーパーなどを利用してそこだけ取る。布オムツとは違うのでトイレの水で洗ってはダメなのである。そんなことをしたら吸水したオムツは「水を吸って膨れ上がるオモチャ」のようになってしまう。

僕にまだ知識がなかった頃には、紙オムツはトイレに流せると思っていた。部分的に着脱してトイレに流せる紙オムツが開発される日が来るような気もするのだが、今のところそんなものはない。なのでひたすら、柔らかめのウンチを手際よく掻《か》き取る作業に習熟することになる。固いウンチだとオムツを持って振るだけで落ちてくれたりもする。そんな日はラッキーだ。

使用済みのオムツは、汚い部分を内側に折り込んでいって、コンパクトにまとめる。腰回りに使われていたマジックテープを用いて留める、ポケットティッシュ大の形状の「使用済みオムツ*」ができあがる。あとはこれをビニール袋に入れて、生ゴミなどと一緒にして捨てることになる。長い時間お世話になったものもあれば、短い時間のものもある。液体をたくさん吸い込んだものがあれば、固形で汚れたものもある。オムツ様ご苦労様、助かりましたと感謝の念を覚えたりもする。

あるとき育児雑誌を読んでいたら「パパの育児協力度チェック」なるものがあって、このオムツ交換についてのチェックが次のようだった。

（×）オムツ交換はしない。

（△）オシッコのオムツは交換するが、ちらっと覗いて大きいほうだと妻を呼びに戻る。

（○）どちらでも問題なく交換する。

うちの場合は、母親である相棒がパパ役であり、彼女はもちろん（○）であるのだが、しかしごくたまに（△）的な行動を示す。もっと言えば、ウンチに気づかないフリをする。

＊使用済みオムツ
オムツを細長いビニール袋に「ウインナー状に」梱包することのできる「オムツバケツ」なる商品があって、コドモが生まれる前に「これは便利なものだ」と思って購入したんだけど、なかなか使い勝手が悪く、備品が高く、そして匂いを抑える効果が思ったよりも上がらないということもあって、本来の機能を十全に活かしきることができなかった。しかし、バケツはバケツなので、ただのゴミバケツとして使い続けている。オムツ専用のゴミバケツは必要かもなあ。なんたって、離乳が進むに従ってオムツはどんどん臭くなるからなあ。

あきらかにプーンと匂いがしているのに「えっ？　わからなかった」と言うのである。もっとも、お風呂に入れるときなどに、風呂場でオムツを取ってウンチを発見して「わっ」と驚いたりしているので、本当に気づいていないのかもしれない。

僕が言うのもなんなのだが、育児の二大巨峰の一方の「おっぱい」に関しては母親の独占になってしまうケースもあって、これは仕方ないのだが、もう一方の「オムツ」に関しては男女の差はない。むしろ力強く手際よくオムツを替えられるのは、男性のほうかもしれない。なので、男親よ、もっとオムツを替えようと言いたい。とくに大きいほうを得意技にしようではないか。考えてみると、コドモの頃の僕たち男子は「ウンチ」が大好き＊だったのである。「ウンチ」「ウンコ」「クソ」「ババ」などと、地方や時代によっていろいろな言い回しはあったと思うが、母親や女子たちが眉をひそめているのを尻目に「う〜んこ、う〜んこ、うんコンニチハ」などと言いながら犬の糞《ふん》を木の枝につけて遊び回っていたものだ。その大胆さと不敵さが、今ここで役に立つときが来たのではないだろうか。ウンチの起源に立ち会い、思う存分に排泄物を観察できる機会である。

……ついでに、コドモが育ってから「このウンコたれが。さんざんオムツ替えてやったんだ」と威張るネタにもできると思う。

＊「ウンチ」が大好き
その昔、とりいかずよし先生が『週刊少年ジャンプ』で「トイレット博士」という漫画を連載していたなあ。それから何年もして、同じジャンプで鳥山明氏（同じ「とり」つながりだ）が「Dr.スランプ」で、ウンチをつっつきまくるアラレちゃんを描いていた。少年漫画はウンチが大好きなんだ、きっと。

五ヵ月くらいの時、
えんまー
えんまー
イヤがってる
えんま大王を呼んでるのか？
それとも私がえんま大王に見えると？
一歳二ヵ月の今
まんまー
まんまー
イヤがってる
「えんま」の進行形が「まんま」か？

うちのコドモは、一歳と二ヵ月を経過したが、まだコトバなるものを会得した様子はない。コトバが話せるようになることが、人間の人間たる証で、このコドモを大人化していくプロジェクトの根幹になるはずなのだが……。

それでも、コトバを獲得する前段階として、声は出す。うにゅうにゅと意味不明のことを言っているのは、六ヵ月頃からそうだったのだが、いまだに意味不明だ。ただ、うにゅうにゅ言い始めた当時と異なるのは、舌が自由に動かせるようになり、歯の本数も増えて口がしっかりとしてきた点だ。当時は前歯二本しかなかったのだが、今は前歯が上下で八本。その他に奥歯も見え始めている。アゴもがっしりとしてきた。舌でのどや歯をつついて「子音」が出せるようになって嬉しいらしい。そのせいか「お気に入り」の発音があるらしく、大人が聞くときに「意味のあるコトバに聞こえるもの」を口に出す。

ここのところの、お気に入りの発音は「こっかい」だ。

「えっ、国会?」

そう、イントネーションは「国会」である。ちょうどその頃、相棒が相撲の中継をよく視《み》ていたので、グルジア人力士の「黒海」*のことかと思ったのだが、そうでもないよう

*グルジア人力士の「黒海」
黒髪でヒゲが濃い。強いときは強いが、弱いときは何かに取り付かれたように負けまくる。幕内から陥落したこともあったが、二〇一〇年現在、まだ活躍している。司海(つかさうみ)という弟力士もいたが、こちらは活躍できず。

だ。

それにしても「こっかい」。「パパ」よりも、「ママ」よりも先に「こっかい」。

「こっかい、次に、かいおう（魁皇）、と言えば相撲。かいさん（解散）、と言えば*国会」

と相棒は判断材料を求めたが、どちらも言わなかった。次に言ったのは「かっこう」だった。

「かっこう、かっこう」

鳥の「郭公」か？　これはなかなかコドモらしくてよろしい。

「こっかい」ときて「かっこう」なのだから、単にカ行の発音が口に心地よく、それを繰り返しているに過ぎないと思われる。ここでは発音はコトバではない。単なる口の体操だ。

いっぽうで、服を脱がせるときに「はいバンザイして」とコドモに声をかけると、両手を上げてバンザイの姿勢をするようになった。これは「バンザイ」というコトバを耳で捉《とら》えて、自分の行動と結びつけている。言語活動かもしれない。パブロフ流の条件反射ということではないだろう。

さらに、ここ数日のことなのだが、機嫌の良いときに手を振りながら小さな声で「バー

＊解散、と言えば……
当時、郵政選挙で安定多数を獲得した自民党が何度も内閣を代えたので、そのたびに解散があるのではないかと噂されていた。結局、任期満了間際まで解散はできず。

イバーイバーイ」と言っているのを聞いた。まだ「バイバイ」の意味はわかってはいないのだが、バイバイという発音と自分の行動が結びつき始めている。これは、ごくごく初期の言語の誕生といえるのではないだろうか。

一般的に、赤ちゃんは二ヵ月くらいから「あー」とか「うー」という発声を始め、四、五ヵ月頃から「うまうま」とか「ばぶー」といった喃語《なんご》*を話し始めるものとされる。その後「めちゅぐちゅちゃぽちゃぽ」などと、外国語のように聞こえる妙なさえずりを始めるのだが、これはフランスでは「ジャルゴン*」という。日本ではどう言ったらいいのだろう? ともかく流暢《りゅうちょう》に喋っているのだが、まったく意味不明な口の体操である。同じ発音が繰り返し出てくることもない。ときどき「ぽいぽいへいらいちゅう」などと言っていて、中国語のようにも聞こえる。そのジャルゴンの最初期からはもう半年経《た》つのだが、あいかわらずジャルゴンもやっている。最近は抱っこされながら歩いているときに、不思議な抑揚をつけて言っているので、通りすがりの人から「お歌ジョーズね」と言われたりもする。そうか、ジャルゴンはここに来て「鼻歌」になったのだ。

また、最近になって、もう一つ持ち技が増えてきた。僕か相棒がコドモに「ピコピコピ

*喃語・ジャルゴン
コドモが声を出し始めて、それが泣き声や呻き声でないものになると、そこから喃語ということになる。最初は「あーあーあー」みたいな感じ。それから「ぱいぱいぱーい」とか、小さな声で言っている。そのあと始まる、あの外国語みたいなヘンなさえずりを表す言葉がないので、フランス語で「ジャルゴン」と言ってみた。英語では「ジャーゴン」だろうか。なんとなく日本語で「邪言」という字を当ててみたくなります。

コ」と話しかけてやると同じように「ピッコピッコピッコ」と繰り返してくる。しかし「ピコピコピコ」は長続きせず、すぐに「ぐぉー」というイビキのような唸り声を出すのだ。これがなんだかわからない。どうも僕がファースト・パーソンとして育てているせいで、パパが怒ったときに出す低音の唸り声を真似しているようにも思う。そういえば、他のコドモたちの同じような営みを聞いていると「キーッ」と高い声で叫ぶことがあるのだが、それをうちの子はしない。あれは母親の叱る声の真似なのかもしれないとも思う。

というわけで、一歳二ヵ月のうちの子の言語活動は「バンザイ」「こらっ！」「おいで」「ばいばい」と話しかけられて反応すること。「こっかい」と「かっこう」を発音すること。ピーチクパーチク鼻歌を歌うこと。バイバイと拍手のしぐさをして、ときどき「バーイバーイ」と口にすること。あとは「ピッコピッコピッコ、グムー」と親の真似をして言うこと。ほとんどこれで全てである。あとは「パパ」と「パン」と「ちょーだい」が理解できているのかどうなのか……。文法などはまだ存在に気づきもしない。

まさに「コドモとコトバ、その萌芽《ほうが》編」であるが、大人から見るとまだ全然なっちゃいないという感じである。先は長い。そして、たぶんしばらくこのままだ。続きはまた、二、三ヵ月後に報告しよう。

コトバのほうは、あまりにしょぼい理解ぶりだったので、もう一つオマケを。

コトバと似て非なるものだが「音楽」というものも、大人の生活の中にはある。うちのコドモは、ここにきてようやく「音楽」に関しても興味を示すようになってきた。

スピーカーの前に座ってじっと耳を傾けるのは、ベートーヴェンの交響曲第七番の終楽章と、大河ドラマ「天地人」のテーマ音楽である。他の曲は無視する。そういえば「篤姫」のテーマ曲など、そのぐずりようはひどかった……。

「天地人」と「ベートーヴェンの第七の終楽章」の二曲は退屈せずに最初から最後まできちんと聴く。ベートーヴェンに関しては、録音時期や解釈によって、かなり違った雰囲気に聴こえる演奏もあるのだが、すべて同一曲として認識しているようだ。

もちろん好き嫌いもあって、ノリントンからチェリビダッケまで、さまざまな演奏を聴かせてみたが、一番のお気に入りは一九七八年のカラヤン指揮のライブ盤*だ。盛大な拍手が入っているので、一緒にパチパチと拍手をする。

ん、「曲が終わると拍手をする」というのも、言語活動なのか？

＊一九七八年のカラヤン指揮のライブ盤
終楽章は早くてノリノリ。怒濤のような演奏です。でも、後半にストラヴィンスキーの「春の祭典」が入っているのだが、こちらもいい演奏なのだが、うちのコドモは無視する。

正面から見た顔が 時々私の父そっくり
GAP
G
にてるか?
えへ
上から見た顔は ツレのコドモ時代に そっくり
夢中になって何かしてるとことかね
より悪質な感じだな
うん
ばーば
じーじ

うちのコドモは、僕の両親にとっても相棒の両親にとっても「初孫」である。孫ができて驚いた。どちらの両親も、それまで見知っていた顔とは別の顔が出てきたのである。まあ、一言で言うと、「孫を溺愛《できあい》するしょーもないじーちゃんばーちゃん」である。

まあ、「イグアナを孫と思え」と十年近く、こちらの趣味を強要していたのも悪かったが。

イグアナに比べると、たぶん、かなり可愛く見えるのであろう。

僕らが結婚したのは、今から十四年も前*だ。十四年前の写真を見ると、当然だが若い。僕も相棒も若いが、僕の両親も相棒の両親も若い。一九六〇年代に結婚した双方の両親にとっては、結婚してすぐに孫の顔が拝《おが》めると思ったことは想像に難くない。

しかし、僕らが結婚した頃から、世の中は大きく変わり始めた。

そして、なんとなく、コドモが誕生してくることを歓迎しない世の中になってしまった。少なくとも、僕らはそう感じた。たぶんその空気は今も続いていて、影響を受けている人もいるのではないかと想像する。

*今から十四年も前
文章を書いているときからどんどん時間が経ってしまうので、きちんとした説明をしよう。一九九五年の四月一日に結婚しました。この年は阪神淡路大震災で明け、オウム真理教の地下鉄サリン事件があり、ゲーム機のプレイステーションとか、Windows95が発売されました。パソコン、ネット、ケータイ、ゲームなどが本格普及を始めた情報化元年のような年でした。

そうした空気の中で、僕らにコドモができなかったことは結果だが、「できなかったほうがよかった」というのも、今から振り返ると確からしく思える。職業、収入、住居は安定せず、常に余裕のない生活だった。僕に至っては働き方のバランスを崩して大病をしてしまうのだから、自分たちのことだけで精一杯だったのだ。しかし、僕や相棒の両親にとっては、かなり歯がゆく思えただろう。そして、月日を重ねるに従って、孫の顔を見るのは無理かもしれぬと諦めの境地に至りつつあっただろうか。

僕の両親も、相棒の両親も、しごく真面目で、褒め言葉よりも批判のほうが先に口に出るようなタイプである。謹厳で慎重で、人目をひどく気にする典型的な日本人だ。僕の両親など海外暮らしが長いはずなのだが、「現地の日本人社会」という村的な空間で非常に気を使っていたので、田舎暮らしの相棒の両親とほとんど同質のような部分もある。

さて、その四名であるが、相棒が「妊娠した」ということを告げたら、それまでの謹厳《きんげん》さはどこへやら。僕らの知らない顔が覗き始めた瞬間である。

僕の母は、混乱して「うれピー*」なる発言をした。いつの時代の流行語であろうか？

*うれピー
のりピー語と思われる。のりピー語が流行したのは、一九九〇年頃だな。もう二十年も前なのか……のりピーこと、タレントの酒井法子さんは、この文章を書いたあと、覚醒剤事件でまた注目の人になってしまった。

僕の父は「今はまだ喜んじゃいけないんだ。まだまだなんだ」とうろたえた。
相棒の母は混乱して、僕に「丈夫な赤ちゃんを産んでください」と手紙を書いてきた。
相棒の父は……この時点では冷静さを保っているかに見えた。

しかし、相棒の父に関しては、生まれるまで性別不明だったコドモが男の子で、生まれてきたときの顔が彼にそっくりだったのだ。これは効いた。相棒の父は孫の写真を持ち歩き「俺に似てるって言うんだけどさあ……」と発言し、相手が同意するのを聞いてニコニコするという行動を繰り返すようになった、らしい。

あれっ？　と思った。だってこの人たち、コドモ好きじゃなさそうだったじゃん……。

コドモが誕生した直後の夜も昼もないタイヘンな時期には「もう年だし役に立たないから」という理由で、ほとんど干渉もなかった双方の祖父母（ここに来てその地位を初めて確立した人たち）だが、コドモが声を発するようになり、つたい歩きを始めた頃からがぜん形勢が変わった。

なにせ、懐くのである。赤の他人には多少警戒するのだが、祖父母連のところにはそれぞれ這って行って、顔を見て、にたーと笑う。手を伸ばして顔を触ったりもする。

さらに、孫の七不思議のようなものであるが、移動中に顔つきが変わっているとしか思えないくらい、それぞれの実家に行くと、それぞれの実家の親戚のような顔になっている。

もうタイヘンだ。じーちゃんばーちゃん（相棒の両親）、じーじばーば（僕の両親）総崩れである。いろいろ物を持たせようとする。理由をつけてお金を渡そう*とする。引き留めて帰さない。でれでれである。

こんなに喜ぶのなら、忙しくてもたびたび顔を見せてやろうと、こちらも思ってしまう。なので今までドライな関係だったが、なるべく足を運ぼうと心掛けている。移動の際の緊張や疲労はこちらだけで、コドモは意外に勝手に寝ていて、到着すると元気だ。

しかし孫パワー恐るべし。今のところコドモは何も考えていないが、何も考えていないから、またパワーがストレートに伝わってしまうのか。僕らは、振り回されてばかりいるので小憎らしいと思うときもあり、自分たちの大切なものにも当然のように手を伸ばしてくるので叱りまくる日々もあるのだが、祖父母はそのへんも妙に余裕である。

「壊してもいいよ。壊されたら買い換えるから。もう十年も買い換えるって言ってるのに、壊れてくれないんだ」とか口にする。孫は消費の切り札なのか？

＊理由をつけてお金を渡そう
お隣中国でも、「一人っ子政策」が浸透した結果、一人っ子同士が結婚して一人だけ孫を産むという現象が起き、一人の孫に両親二人、祖父母が四人、全員働いていて自分の所得があるために、コドモ一人に対して六つの財布がオモチャだの何だのを買い与えるのだそうだ。それを「シックス・ポケット」と呼ぶのだそうな。うちのコドモの場合は、双方の祖母は専業主婦なのでここまでの財布は四つだが、叔父叔母四人がコドモのいない共働きだ。うーん、「エイト・ポケット」になっているかもしれんな。

ところで、僕ら夫婦はほとんど携帯電話なるものを使用しない。パソコンは使用するが、必要最小限にとどめておこうと心がけ、なるべくコドモの目の前では使わないようにしている。それは別にポリシーというほどでもないが、自分たちが大人になってから登場し、いまだうまく使えない情報機器を、コドモが幼い頃から触らせるのは良くないと考えているからだ。

しかし、コドモは街や電車の車内で携帯電話をいじっている人を目にする。たいそう興味を覚える。自宅に戻って、テレビのリモコンを手に持ち、携帯電話をいじっている人のように無心に押し続けている。

その様子を見ていて、僕の母が「うちに使ってないケータイがあるからあげるよ」などと言う。

「いらないよ、うちにはケータイはない、ということになってるんだから」

と説明するのだが。

「電波出てなければいいんでしょ。ボタン押して遊ぶのには本物はやっぱりいいよ」と続ける。いや、そうじゃなくて、情報機器にどっぷり漬かるような幼少期を過ごして欲しくないのだ云々《うんぬん》などと説明したのだが。

「ふーん……」

わかったような、わからないような返事をして数日後。電話をかけてきて、電話の向こうから「ケータイのオモチャ買っちゃった。いろいろな音がして楽しいよ。今度持ってくから」とオモチャの音を聴かせてくる。ピロピロ鳴ったり、妙な声がしたり。やれやれ。

今のところ、まだそのオモチャはこちらに届いていないが、届いたらコドモは猿のようにボタンを押して、あのピロピロした音*を鳴らし続けるのだろう。オモチャだからたぶん、本物のように面白いものではないはずなのだが。

こうして、孫パワーは今日も祖父母の財布のヒモを緩め続けているのである。今はまだ無垢《むく》だからよいが、育ってきたらどうなるのか。甘やかしたいという祖父母と、甘やかされたいという孫の間に、毅然《きぜん》として立ちはだからなければならない日も来るのだろうか。

*ピロピロした音
なぜかうちのケータイオモチャは、ベートーヴェンの「歓喜の歌」のメロディが鳴る。別に選んで買ってきたわけではなさそうだが、ここでもなぜか「ベートーヴェン」。

記者発表の時
ツレがあいさつをする
順番になり
私が息子を
だっこ
することに・・・
はじめまして
ツレがあいさつしてる間
ずっとぐずる息子
うえーー
うーん
むうー
みかねた
ドラマの
プロデューサー
さんが
一緒に
あやして
くれた。
(ありがとうございました)

コドモというのは、実に大人のビジネス・シーンにそぐわない。

理由は「うるさい」「空気が読めない」「自分が一番偉いと思っていて、何もわかっていないくせに自己中心的な行動をする」からである。ついでにいうと、この三つの性質のせいで「連れてきた責任者」が動揺し、その責任者もビジネスに集中できなくなる。

というわけで、仕事の場にはコドモを連れてくることは非常識とされている。

非常識なのだが、それでも仕事の世界にコドモを連れていく事態というのは発生する。こちらも理由がある。コドモ、特に乳児は二十四時間、大人が付き添っていなければならないものなのだが（付き添っていない状態になることはネグレクトといって犯罪とされる）たまたま代理の養育者がみつからないことがある。あるいは、非常識を承知でコドモを連れていくことのメリットが上回ると判断される場合。それから「コドモを育てている自分」すら注《そそ》ぎ込んで、自分の全人格で勝負をしなければならないビジネス・シーンの場合は、非常識を承知で自分のサポート・メンバーとしてコドモをダシにする場合も考えられなくはない。

一九八〇年代の終わり頃に、「アグネス論争*」というものがあった。タレントのアグ

＊アグネス論争
論争が起きたのは一九八八年のことだ。タレントのアグネス・チャンさんが、一歳になるかならないかのコドモを連れて、テレビ局に出勤したという事件から、林真理子さんをはじめ、何人かの女性に「仕事の場に育児を持ち込むな」という論点の批判を（主に週刊誌のコラムなどに掲載される形で）受け、論争に発展したということだそうだ。このとき僕はまだ二十四歳、相棒にいたってはまだ十九歳だったので、よく覚えていなかったのだが、なかなか重要なことを論争していたのだなあと今としては思うよね。

ネス・チャンさんが自分のコドモを連れてテレビの仕事に出勤し、非常識と言われたり、いや当然の権利であると擁護されたりして、世の中の論争になってしまった騒動である。

この騒動、昨今のことのように思われるが、調べてみたらもう二十年以上も前のことなのであった。ほとんど一世代前の話なんですね。

それが今でも身につまされるのは、コドモを育てなければならないのは人類共通の負担なのであるが、コドモとコドモに振り回される養育者が世間の常識から外れがちになってしまうというのも客観的な事実だからかも。それでノコノコと、大人のビジネス・シーンにコドモを連れていくと、冷たい視線の集中砲火を浴びる。

コドモがかなり小さいうちから、僕も「男アグネス」にチャレンジしたので度胸はついたのだが、一歳を過ぎた頃から、コドモは機嫌が良くても悪くても叫び声を上げるようになってしまった。こうなるとお手上げで、仕事の場に着く前から疲弊してしまう。もちろん以前に比べて、周囲に及ぼす迷惑の度合いも増した。

なので、最近は銀行を除いて、仕事の場面にコドモを連れていくことを遠慮するようにしている。コドモは世界の王様なので、そんな偉い方を世知《せち》辛《がら》い大人のビジネスの場所に連れていってはいけないのだ。たぶん。

＊NHKでドラマ化
細川貂々作『ツレがうつになりまして。』は、二〇〇六年に幻冬舎から発行されたコミックエッセイだが、これが二〇〇九年にNHKの「金曜ドラマ」と

だが、しかし、また僕が「男アグネス」に挑戦せざるを得ない状況がやってきた。

なんと、相棒が僕の闘病を描いた『ツレがうつになりまして。』がNHKでドラマ化*されることになったのである。主演の「てんさん」こと相棒役を藤原紀香さん、「ツレ」こと僕の役を原田泰造さんが演じて、調布の日活撮影所*で撮影をしているという。それで、僕ら夫婦がこのスタジオに参上して、藤原さん原田さんと一緒に記者会見に臨まなければならないというシチュエーションが設定されてしまった。

子連れで臨むべきか、預けていくべきか。

「夫婦の今の姿なのだから、コドモを連れていくべきだろう」

と僕は判断した。前出の「コドモを育てている自分」すら注ぎ込んで全人格で勝負する局面だと思ったのである。

それと、世間様に恵んでもらい、世間様に育ててもらっているようなコドモである。世間様に顔をさらして生きていくのも当然と言えるだろうと思ったから。

相棒も特に反対はしなかった。

彼女に関しては、漫画を描く手だけ出演するので、セットに入り込んでの撮影もある。まあ、僕に関しては特にそうしたものはないので、気楽にコドモをくくりつけてウロウロしていればいいだろうと高をくくっていた。

いう枠で、三回放送のドラマになった。合津直枝さんのプロデュース、一部演出。森岡利行さんの脚本。当初は僕たちは反対したが、プロデューサーとよく話し合いをして、脚本の森岡さんにも意向を伝えて、非常に慎重に制作に入ってもらったのです。

*調布の日活撮影所
ツレうつドラマは、NHKで作られて放送されたのだが、実はテレビマンユニオンという会社が制作しているのだった。この会社はどちらかというと映画寄りなんだと思う。それで、映画のスタジオであるところの「調布の日活撮影所」で、我が家そっくりのセットを組んで、ふだんは映画を撮っているカメラマンや照明さんが撮影してくれた。調布の日活撮影所の食堂では、深田恭子さんが「ドロンジョ」を演じる『ヤッターマン』のポスターが貼ってあったので、もしかしたら撮影をやっていたのかも?

しかし記者会見はタイヘンだった。大人数のカメラマンに囲まれて、最初にフラッシュの雨を浴びる。コドモは特に萎縮《いしゅく》した様子もなかったが、眩《まぶ》しいのでビックリしていた。そしてテンションが上がっていったようだ。藤原紀香さんの発言の間にも「あー」とか「うー」とか「ワー」とか奇声を上げだした。記者席からは明らかに冷ややかな雰囲気が伝わってきた。紀香さんスミマセン。でも、なんだかちょっと空気が悪かったんですよね。

そして、原田泰造さんにマイクが手渡され、泰造さんが喋りだしたとたん、うちのコドモは「バイバ～イ」とやった。和《なご》んだ雰囲気ではない。あきらかに場違いなのだ。でも泰造さんは臨機応変に「バイバ～イ……いや、これからいいこと言うんだから」と返してくれた。記者席からは笑い声も出た。助かりました。

そのあともコドモが奇声を上げるたび、僕はコドモの口にオシャブリを放り込んで制し、相棒は横で小さな声で「うるさいよ。外に連れ出せよ」と囁《ささや》き続けた。僕もそうしたかっ

たのだが、大人数の記者や照明に囲まれ、退出の機を逸し続けていたのである。このときの様子はしっかり写真に撮られ、新聞社のサイトなどにも掲載されてしまった。この写真で相棒がとても暗い顔をしているのは、僕の「男アグネス」行動を止めなかったことを後悔し、焦っているからなのである。

この記者会見のあと、相棒の「手だけ出演」の撮影もあったが、やはりコドモが騒ぐので僕は日活撮影所の中をウロウロしていた。スタジオに入ることができたのは、あちこちを探索して疲れたコドモがコテッと寝てしまってからである。スタジオの中には、僕らの部屋を再現したセットがしつらえてあった。その再現は半端ではなく、ほとんどソックリだった。どこから探してきたんだよ的な相棒趣味の古い家具やジャンク骨董が鎮座しまくっている。おまけにグリーンイグアナまでいる。よく見ると天井の一部がなかったり、壁のコンセントがニセモノだったりするのだが、まあよくできていました。

セットから少し離れたところに、撮影中のカメラ映像をモニタできる画面が設置されていたので、僕と眠ってしまったコドモは、その前に座って撮影の様子を見ていた。

そのときは、藤原紀香さんが演じる漫画家・早川典々《はやかわてんてん》がグリーンイグアナを観察しながら漫画を描くシーンが撮影されていた。紀香さんと相棒が交互にカメラの前に入り、紀香さんのときは顔や全身が映り、相棒のときは手元だけが映るのである。うちの相棒は筆記具や箸の持ち方が特殊なのだが、紀香さんも相棒に合わせるため、そのヘンな持ち方をさせられていた。さらに相棒は真剣に手元に集中して漫画を描くのだが、紀香さんはその表情をうまくコピーしていた。モニター画面に映った紀香さんは、あきらかに美貌や小顔の点ではうちの相棒とゼンゼン違うのだが、表情や物腰のせいで、うちの相棒そのものに見えていた。

「なんでなんだ、僕の奥さんが藤原紀香（敬称略）になっちゃった」と僕は思った。その昔、初期の頃の携帯電話の宣伝*で、携帯電話を持った道ゆく人が突然顔を脱ぐ（顔はマスクだったのだ？）と、藤原紀香さんになるというものがあったが、それみたいだった。

そう。藤原紀香さんが相棒の演技をしているというよりも、相棒の顔が藤原紀香さんになってしまったみたいな出来映えなのである。こりゃ凄いよ。

*携帯電話の宣伝
J-PHONEという会社の宣伝だった。時代は一九九八年くらいだったと思います。その頃、我が家は全然ダメダメだった。携帯電話もまだ少し通話料が高く（端末自体は無料だったりした）、全然手が出なかったことを覚えている。他に本木雅弘さんが「ツーカーセルラー」という会社の宣伝をしていたのを覚えているぞ。

というわけで、最後はドラマの宣伝のようになってしまったが、このドラマは初回が二〇〇九年五月二十九日（金曜日）の午後十時からNHK総合テレビで放映される予定である。予定というのは、臨時ニュースが入ったりすると変更になるからだ。二回目は六月五日、三回目は六月十二日のそれぞれ午後十時の放映（予定）である。タイトルもそのまんま「ツレがうつになりまして。」だ。

撮影を見学していて、しばらくすると、スタジオ内で昼寝をしていたコドモは目が覚め、大きな声で「わっ」とか叫び始めた。相棒も撮影中にその声に気づいたそうである。でも、僕はまた焦ってコドモをスタジオから連れ出したので、そのあとのことはよく知らない。コドモもママが藤原紀香さんになったり、自分の部屋そっくりのセットが撮影のために一部が分解されたりしている様子を目の当たりにしながら、その意味はまったく理解していなかったようである。でも、帰りの電車でもぐずらなかったし……楽しかったのか？

ドラマの予告が流れて
「ツレがうつになりまして」
と
テレビから聞こえたら
なぜかはくしゅした。
あーうー
ぱち ぱち ぱち
なんで?!
意味わかってるの?!

テレビがいつの間にか大きくなっている。

液晶37インチ、ハイビジョン。凄い臨場感だ……と思うのは最初のうちだけで、すぐ見慣れたものになってしまった。コドモにとっては、最初から部屋にあるものに感じられるかもしれない。

もっとも、半年前まで20インチのブラウン管がそこに置いてあったのだが。

それで大河ドラマの「篤姫」を視せると、よくぐずっていた。日曜日夜八時は、なぜか毎週大泣きが入るのであった。今は大画面にかじりついて「天地人」を視ている。こっちは大好きなのらしい……。

さて、コドモとテレビ、である。

親である僕らも、コドモ時代からテレビと付き合っている。物心ついたときに既に「カラー・テレビ」が茶の間にあった。しかし、それは一家に一台。当時は「チャンネル争い」という言葉が存在していた。小学生の僕が、日曜日の夜七時半に「侍ジャイアンツ*」を視たいと思っても、家族の多数決で「アルプスの少女ハイジ*」を視せられてしまう、というような時代だったのだ。もちろん録画という観念も存在しなかった。テレビは放送時間のその日その時に、一回きりのみ視聴するものだった。

＊侍ジャイアンツ
　梶原一騎原作のアニメ。放送は一九七三年秋から一年間、日本テレビ系列。梶原一騎先生といえば、星飛雄馬が主人公の「巨人の星」が金字塔だが、この「侍ジャイアンツ」の主人公は番場蛮（ばんばばん）というのだ。「巨人の星」の星くんよりもずっと陽性で、投げる魔球も破天荒だった。本放送では視ることができなかったわけだが、再放送をしっかり視たので、内容は今でもよく覚えています。

＊アルプスの少女ハイジ
　ヨハンナ・スピリの原作をアニメ化して、一九七四年一月から一年間、フジテレビ系列の「カルピスまんが劇場」の枠で放送されたアニメ。そののちスタジオジブリを立ち上げる宮崎駿さんや高畑勲さんの出世作でもある。ハイジの髪の毛が黒く、日本人っぽいと感じたんだけど、そのままヨーロッパでも受け入れられて人気作となった。

そのような真剣勝負のものだったから、テレビがついていると集中して視た。

大人もコドモも、そんな感じだったと思う。

なので、食事の時間にはテレビをつけるか、つけないかが、まだ二分するような時代だった。僕の家庭では「食事の時間にはテレビをつけない」が決まりごとだった。

一方で、相棒の家庭では「食事の時間にはテレビをつける」が決まりごとだったようだ。

この習慣の違いには、どちらにも一長一短があると思う。テレビをつけなければ、食事に集中することができ、会話もきちんと行うようになる。その代わり、シーンとしたときに気まずいし、なんだか隔絶したところで家族ごっこをやっているような閉鎖的な気分になることもある。テレビをつけていると、とりあえず明るい雰囲気が保たれ、世の中につながっているような安心した気分にもなる。けれどもテレビがついていると、つい真剣に視てしまい、手元のものをこぼしたり、何を食べたのか思い出せないような食事をしてしまったりすることもある。家族ともあまり会話しない。

さて、我が家ではどちらを取るべきか。結婚した頃から、なんとなく相棒の家庭のルールに流されていた。すでにビデオも普及していて、テレビを視ることは真剣勝負じゃなくなっていたからだ。食事のときにテレビをつけているのも、まあいいか、と。

しかし、コドモが登場して、少し情勢が変わってきた。

小さなコドモにとって、テレビは興味の対象として注意を惹《ひ》きすぎる。テレビがついていると、気がそれてちゃんとゴハンを食べない。ここのところ大画面になったので尚更《なおさら》である。食事のときにテレビを消してしまうと、相棒は不満そうなのだが、そこはそれ、現代なので。

「そんなに視たいのなら、録画しておいて後で視ろよ」

というと、たいてい録画してまで視たくもないのだということになる。

しかし、食事の時間以外では、テレビは大活躍だ。コドモは夢中になってテレビを視るので、あまり視せてはいかんという説ももっともだと思う。なるべく時間を決めて視せるようにし、食事のときにはスイッチを切るということでメリハリをつけるようにした。

それで、コドモにとってテレビは何なのかというと、面白い「窓」なんだろうか。

スイッチを切るときに「テレビさん、バイバ〜イ」と声をかけると、コドモは画面に向かってバイバイをする。

今のところ、好きな番組は前述の「天地人」や「N響アワー」、それから「週刊こどもニュース」が大好きだ。教育テレビの子供番組の中では「ゆうがたクインテット*」が特

＊ゆうがたクインテット

正式な番組名は「クインテット」のようだ。主題歌が「ゆうがたクインテット」と繰り返すので、そういう題名なのかと思っていた。作曲家の宮川彬良さんが、そのまま「アキラ」という役名で出ている。人形がいろいろな楽器を演奏する「指使い」が正確なので、僕は「なんだかよくできているなあ」と思いながら視ております。

にお気に入り。民放では「題名のない音楽会」を食い入るように視ている。ときどきゲスト出演される青島広志さんのファンらしい。

しかし、今のところコドモ自身に選択権がないので、親が視ている番組の中から興味を惹くもののときにフラフラと画面のところにやってきているだけかも。これが、数年すると「戦隊もの*」や「××マン」のようなものを所望するようになるのだろうか。ちょっと今からはまだ想像つかない。

ところで、我が家ではこれから数週間、金曜日の夜は一家でテレビの前にて夜更かしをしなければならない事情が生じてしまった。相棒が原作の『ツレがうつになりまして。』がＮＨＫにてテレビドラマ化され、金曜日の夜十時から総合テレビにて放映されるのである。どうせコドモは何が放映されているのかわからないだろうから、先に寝かせてしまえとも考えたのだが、ソワソワしている僕たちの心の動きが伝わって、寝てくれないに違いないとも予想される。なので、起きているのであれば視せよう、と計画している。

＊戦隊もの
この文章を書いていたときは「シンケンジャー」というのをやっていたようだ。一九七五年放映の「ゴレンジャー」から連綿とつながるシリーズということだから、今視ているコドモたちは、ほとんど二世ということになります。三、四〜六歳くらいの男の子がターゲットで、小学校に入るとだんだん離れていくという感じかな。この時期、女の子はもっぱら「プリキュア」シリーズにはまっているらしい。

ドラマの出来映えは、第一回だけNHKでの試写会で視たのだが、リアルで重厚な作りだ。プロデューサーさんの意向ですこぶる正攻法。相棒がコミックエッセイに凍結した現実を、丁寧に解凍してみた感じだ。解凍したら細川貂々が藤原紀香さんになったり、僕が原田泰造さんになってしまっているのだが、記憶が美化されることにも似た都合のいいところ、かな。

前回のエッセイで、藤原紀香さんがうちの相棒ソックリになってしまった撮影のときのエピソードを書いたが、今回は原田泰造さんのことを書こう。原田さんがうつ病になってしまったときの演技もリアルで凄い。僕自身、うつ病だった何年かを過ごしたし、僕以外の同じ病気になった人も見ているが、その僕の目から見ても「原田さん、本当にうつ病になっちゃったのでは?」と思ったくらいだ。他の人の会話についていけず、それどころか自分の頭の中ともずれてしまったような雰囲気の声を出していた。僕も本当にそうだったのだ。役者さんというものは、本来はドラマの流れの中で的確にセリフを発言していくも

のだが、それを拒否する演技をさせられるというのは並大抵ではなかったはず……と思う。いや、もう演技を離れてもそうなってたから、演技ですらなかったのかもしれないが……。

その原田さんが、少しずつ回復して（という演技をして）講演会であるセリフを言うシーンがある。僕はエキストラとしてその講演会の撮影に紛れ込んでいたのだが、そのセリフを聞くたび涙してしまった。撮影だから何度も同じカットをリテイクしたのだが、その都度涙が出てくるのには参った。

もちろん、ドラマは時間の制約もあるので、ガンガンと話が進んでしまう。その時間感覚だけは、うつ病とそれを取り巻く時間の流れ方とは異なるかもしれない。登場人物の中でも、主演の藤原紀香さんは特に感情表現がうまい。ドラマであるから仕方ないのだが、実際にはうちの相棒は同じような局面で、同じようなことを考えていたかもしれないが「ぼーっ」としていた。そこのところは、一般の人にもわかりやすく作られているのだと考えていただきたい。たぶん、今、同じ病気で苦しんでいる人たちがこのドラマを視た場合、そうした素早いテンポ感と、豊かな感情表現についていけないと感じられるケースもあるだろう。でも、原作の持つある種の「わかりにくさ」――うつ病を身近に知らない人にとっては単なるギャグとしか思えないような――をドラマとして咀嚼《そしゃく》していくのには不可欠の手法だったとご理解いただければと思う。結果として、このドラマは病気のある生活のすぐれた描写とともに、「家族って何?」と考えさせてくれるものとなっている。

うちのコドモにとっても、売れていない漫画家の母親と、スーパーサラリーマンだった父親、そして小さなグリーンイグアナが出てくるこのドラマを、いずれしっかりと視せてやらなければなるまい。それにしても、両親の結婚式のビデオを視せてもらえる子はいるだろうが、両親がどれだけ世の中に助けてもらって自分が登場してきたかという説得力のあるドラマを視せてもらえるコドモはそういないだろう。ある意味、最高の教材とも言える。この負債の重さに潰れないよう、気持ちだけは逞しく育ててやらなければならないのだが。

ところで、前回書き忘れたことだが、コドモを連れてテレビドラマの撮影現場を見学して、最後に思ったことは「テレビドラマって、こんなにタイヘンだったんだ」というものだった。特にスタジオ撮影では、「自然に見えるものはすべて精巧に仕掛けられた人工的なものだ」ということがわかった。全ての小道具や背景を精緻《せいち》に配置し、役者さんは何度も何度も演技をする。そして撮影したものを自然に見えるようしつこく編集するのである。

いやもう、こんなにタイヘンだったなんて。

そういうことを知ってしまうと、やはり、もう、ゴハンを食べながら視るとか、ときどき飛ばして視ているくせに「なんだか面白くないよね」なんて口にするような軽率なことはできない気がする。ドラマに関しては正座して真剣に視なければならなくなってしまった。

……最後は「大人とテレビ」の話になってしまったが、テレビ、まだまだ人類が付き合っていく不思議な玉手箱だ。コドモを育てるうえで、この玉手箱との付き合い方はむずかしい。

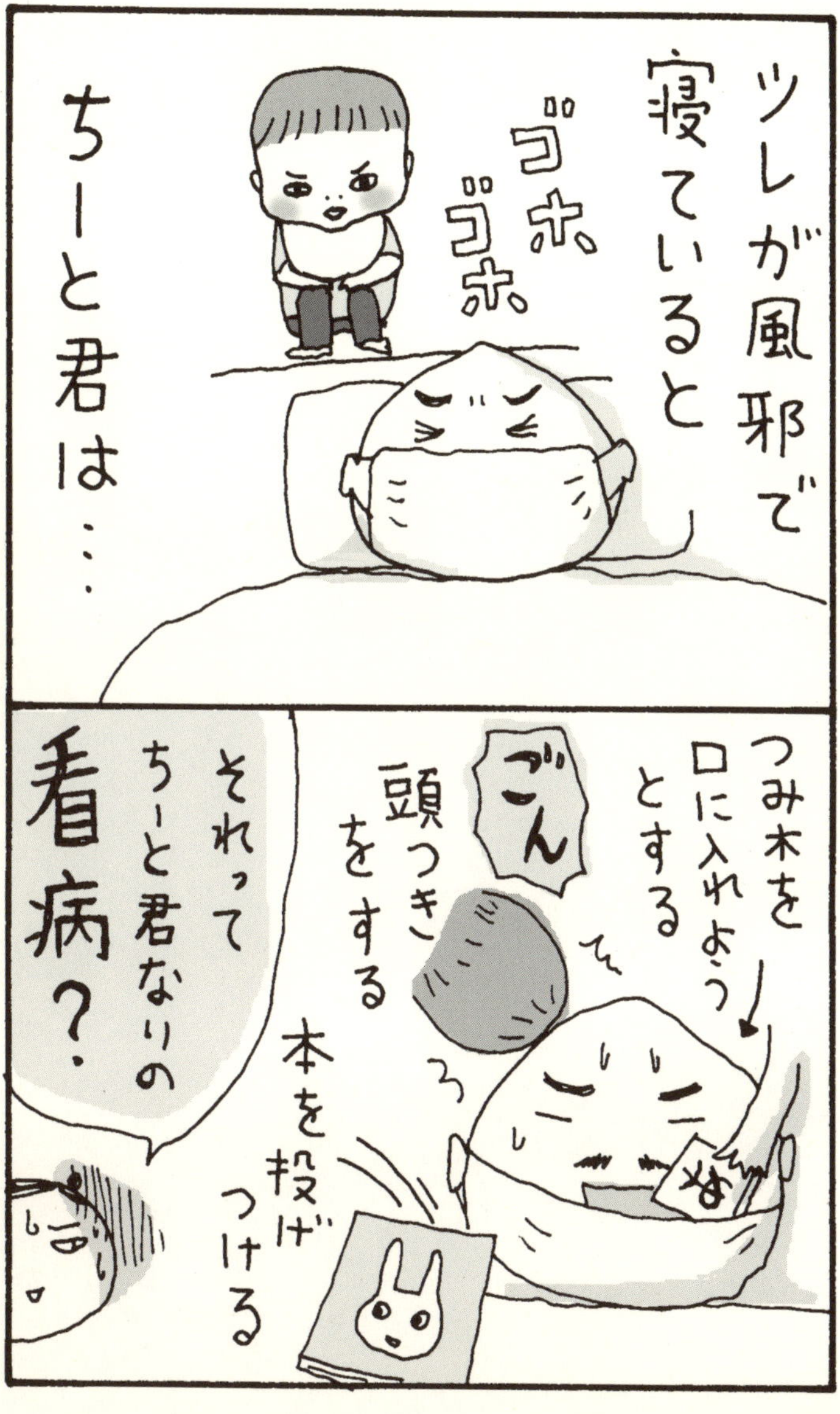
ツレが風邪で寝ていると
ゴホ
ゴホ
ちーと君は…
つみ木を口に入れようとする
ごん
頭つきをする
本を投げつける
それってちーと君なりの看病?

風邪*をひいてしまった。

夏風邪のようなもの、と思う。最初にコドモがくしゃみをして、鼻水を垂らしていた。コドモのほうは、一、二日機嫌が悪かったくらいか。それで終わり。次に相棒が突然寝込んだ。コドモのくしゃみから四日後くらい。肩こりとだるさを訴えて、半日寝込んだ。午後を丸々寝て過ごし、夕方には起きてきてフツウに夕食を食べていた。

それから二日後に、僕が倒れた。夜寝ていると寒気がする。朝起きる時間になったらひどい頭痛だ。何もできない。

結局朝から晩まで、丸一日寝込んだ。夕方には起き上がって、相棒が買って来てくれたプリンや飲み物を口にすることができたが、それまでは湯冷ましを飲むくらい。

次の日から、育児と家事に復帰したが、本調子は出ず、四日たった今も少し咳《せき》をしている。後にかかった人ほどなぜか重くなっている。いや、それよりは年齢のせいか？

それで、ぶっ倒れている間は、本当に何もできなかったので、相棒に仕事の予定を一日キャンセルしてもらい、コドモの相手をしてもらっていた。買い物にも行ってもらった。

ファースト・パーソンの僕が、ほとんど相手をしなかったにもかかわらず、コドモはけっこうご機嫌だった。相棒がいろいろと遊んでやったからだ。

しかし、次の日見ると、部屋の中はグチャグチャになっていた。二人で広告チラシを折

＊風邪
ウィルスによる感染症で、体の抵抗力が落ちているときに上気道で炎症を起こして、発熱、くしゃみ、頭痛、鼻づまりなどの症状を起こすものの総称だそうだ。でも、他に「おなか風邪」と呼んだりするものもある。体を冷やしたりすると悪化するんである。特に出かけていなくても、体を冷やしたりすると熱が出て風邪様の症状が出ることもあるぞ。なんでなんだろう？

ったり破いたりして遊んだらしい。それからとっかえひっかえ絵本を出したり、オモチャを投げたり、ダイナミックな遊びをしたようだ。蒸しパンやオヤツも投げたんだな。

相棒が一日相手をしてくれて、本当に助かったんだが……。

うーん。これはまさに、通常の子育て家庭で「ママが寝込んだので、パパが有給休暇を取って一日見ていてくれたけど部屋はグチャグチャ」という話と同じだ。

そのあとも、体調が戻らなかったので、なかなか部屋は片付かず、三日間はそのままの状態だった。いや、それ以上にひどくならないように片付けてはいたのだが、同じだけ汚され続けていたのである。

今日はやっと片付いた。何もない部屋の真ん中で、コドモは大の字になって昼寝をしている。日曜日の昼下がりである……。

風邪をひいて一日寝込んで、回復してきて、改めて強く思ったのだが、子育ての必需品って、何はなくとも「親の健康」だ。

健康な状態で、いつも当たりまえに意識せず、日常の細かいことをあれこれと片付けているわけなのだが、その流れが止まってしまうと、幼いコドモはあっという間にピンチになる。流れが止まっていることを理解もせず、予想もしていないのだ。だから、まったくいつもと同じように危ないことをやり、部屋をちらかし、大人の大切なものを壊そうとし（壊すことに成功する！）、食事やミルクが滞っていることに絶望的に怒り、ウンチの溜まったオムツで尻餅をつき続け、やがて服を汚物まみれにしてしまう……。そういうピンチになるまえに、代役を立てねば。

勤め人や自営の家族のいる家庭では、誰かに仕事を休んでもらうことにもなる。それができないときは、親戚や知人を頼ったり、あるいはヘルパーさんを呼ぶことになる。僕らが住んでいる市だと「エンゼルヘルパー」という制度があって、一時間五百円の格安料金で助けてくれるそうだが、一回二時間、一日二回まで（午前・午後の枠内で）ということだから、最大で四時間しか見てもらうことができない。

まあ「最大で四時間しか」と書いてみたが、ピンチのときに四時間だけでも育児から離れることができれば、それでとりあえず病院に行って頓服薬をもらってくるくらいのことはできる。支援ゼロと比べると相当に助かるだろう。

こうしてみると子育てのタイヘンなところは「代役不可な」働き方を一時的にせよしてしまうところにあるのかもしれない。コドモが勝手にファースト・パーソンを決めてしまうからそうなるんだが、その期待に応え続けるのも、ピンチのときのことなどを考えると問題がある。そうはいっても、セカンド・パーソンの使えなさときたら（とファースト・パーソンはしばしば思う）日常いろいろやってもらうと、イライラするくらい要領が悪かったり、後片付けのことなどを考えると二度手間だったりする（だよ……。ほんとにもう！）。

しかし、他人に代わってもらうよりも、自分で全部やったほうが楽だと思っていたことからは苦い経験がある。そうなのだ。僕は勤め人時代に、そういう働き方をして、うつ病になるところまで行ってしまった。

もう、この人生で、二度とあんな思いをするのはゴメンだ、と思う。自分にしかできない仕事というのは幻想だった。そんなものにすがってはいけない。たぶん、僕のコドモを育てることだって、本当は誰にでもできるのだ、と思うべきなんだろう。

……だから、たまに風邪をひくのも、いいことなのかもしれない。部屋はちらかるけど。コドモも二、三ヵ月前と違って、今では相棒だけでも満足して過ごしたようだし。彼も、成長したんだな。ちょっとさびしいような気もするが。

ところで、たぶん、この記事が更新される頃には、例のあれが最終回を迎えているはずだ。例のあれ、とは相棒が僕の闘病を漫画にした『ツレがうつになりまして。』のＮＨＫ

ドラマ。コドモができて、実は生活がすっかり「とりあえず寛解《かんかい》*」から次のステップに入っている状況なので客観的に視られたのだが。それでも、かつて自分たちが何気なく口にしたセリフが次々と画面の中で再現されるのを視ていると怖いときもある。

心理的に辛いことの多かった病気なのだが、そこのところの雰囲気もうまく再現されている。なんといっても「立ち止まる」「揺り戻す」ことの多い病気だった。一歩進んでは寝込み、心で周囲が安全なことを納得していても、体がついてこないことがある。あの病気がカケラでも残っていたら、僕は今回のドラマの放映をこう客観的に視られなかっただろう。

そして、病気にかかったのが、長い子育てのマラソンの途中だったらとも思う。今の生活から考えると、きっと本当に厳しい。自宅は今、コドモ帝国になっている。風邪をひいて一日寝ているだけで、あれだけオオゴトだったのだ。たぶん、自動的に入院治療を選択することになっただろう。そして、治るまで帰ってくることはできなかったに違いない。

そのことも考えて、病気がすっかり治ってからコドモに恵まれたということも本当によかったのだなと思った。

ドラマは、僅《わず》か三回の放送だったけれども、うつ病に悩んでいる方や家族の方たちに、

*寛解

聞きなれないコトバかもしれないが、うつ病（気分障害）や、以前分裂病と呼ばれた統合失調症など、精神の病気では「完治」「治癒」というコトバを使わず、「寛解」というコトバを使うのだそうだ。そのわけは、病気が完全に治ったのではなく、症状が目に見えなくなっただけ、という意味合いだとか。なんだか油断ならない感じです。確か以前は結核に対しても「完治」でなく「寛解」というコトバが使われていたと思う。今では抗生物質ができて、結核はちゃんと治る病気になりました。

何かうまく乗り切っていくヒントのようなものを摑《つか》んでいただければ本望だ。僕らに起きたことは、きっと誰にでも起こる可能性のあることだろう（たまたま、相棒が僕の病気のことを本に描き、それが売れて、元の職種に復帰することなく、育児という別の「家庭内」労働に従事する生活になったのだが、そのあたりは「できすぎた話*」である）。

病気になったとき、どんな小さなことでも良いので、人よりも「恵まれている」点を使って長い闘病を乗り切る。その知恵が必要なんだと思う。僕たちも、闘病記を出すことで、二、三年の闘病の後半を無理なく過ごせればいいと思っていた。それがいまや、テレビドラマである。本の売り上げの「お釣り」で、僕は長期の子育て休暇を取得したようなものだ。もっとも、休暇というにはいかにも労働じみているんだけど……。

しかし、それにしても、たかが夏風邪で内省的な気分に拍車がかかってしまった。

健康、本当に大事です。ツレさんは治って、本当に本当によかったよ……。

＊できすぎた話

こうして育児に従事し、育児の記録などを書いていると、神様が仕組んだ筋書きなのかなあと思うこともある。育児のあまりのタイヘンさに「僕は育休父さんなのだ」と自分をカテゴライズしてみたりもしたが、どちらかというと育児のために会社を辞めた「育児リタイア父さん」に近いものがある。だけど、突き詰めると自分の意思で育児休暇（または育児リタイア）を選んだわけじゃないので……うーん、育児が終わっても帰る仕事はナシ。やっぱり「専業主夫」として生きていくのだろうか。それももちろん、立派な仕事だ。

1歳2ヵ月
→
1歳5ヵ月
おうた
ふんふん
ピコピコピコ
つぶやき
あーかっくーん
あーがっくーん
しんけん
1歳2ヵ月
→
1歳5ヵ月
おじぎ
ひざをまげるだけ
ぺこりとする

うちのコドモは、まもなく一歳五ヵ月になる。一歳二ヵ月のときに「こっかい」「かっこう」「バーイバイ」と発音することを書いたのだが、語彙《ごい》からすれば、その頃から大した変化はない。

しかし、この三ヵ月間、プロジェクトが停滞していたわけではない。

最近の大きな進歩を報告しよう。

それは「これ、ダレ?」と僕が自分の顔を指さすと「パ、パァ〜」と恥ずかしそうな小声で言うようになったのだ。すごいじゃないか!

相棒によれば、コトバを理解して返答しているのではなく、「コレダレ(指さし)」という一連のつながりに対して反射しているのに過ぎないと負け惜しみを言う。

確かに、相棒の顔をさして「これ、ダレ?」と言っても、三回に二回は「パパ〜」と言ってしまう。うちにはパパしかいないのか?

もっとも、最近は「よく考えてごらんよ? 違うだろ?」と言うと「ターター」と別の単語を口にするようになった。「ターター」とは、たぶん相棒のことだ。コドモは、相棒が仕事部屋から戻ってくると「ターター」と呼びかけている。

そして、「ちーと、ちーと」と自分のあだ名も口にするようになった。

「ちーと、こっち来い」と呼びかけると、「ちーと」と言いながら来る。

「ちーと（来たよ）」の、カッコの中が省略されているように、勝手に思う。

まだ「発音」と「対象物」*が一対一の関係になっているわけではないが、おぼろげながら、ゆるい結びつきを理解したのではないか、と考えられる。よし、これをもって、言語の獲得としよう。

しかし、同時にまだゼンゼンなのかもしれないとも思う。「お風呂」「ウンチ」と呼びかけて、それなりの反応をするのだったら、イグアナにもできる。「パン」と言ったときの理解の早さは、もしかしたらイグアナのほうがコドモよりも勝《まさ》っているかもしれない……。

それでも、三ヵ月前に比べると「バイバイ」は確実に返せるようになった。「ちょーだい」と言われて、手に持ったものを差し出したり、「ダメ」と言われて即座にぐずり泣きで対抗したりすることもある。絵本を読んでもらうと、真剣に聞いている。日常会話の中でお気に入りの絵本によく出てくる文句が挟まることがあると、「知ってるコトバ！」とでもいうようにニコニコしながら反応している。

順調に、コトバを獲得する階段を昇っているのだ。きっと。

ジャルゴン鼻歌（その10「萌芽編」参照）のほうも、ずいぶんと進化した。

＊「発音」と「対象物」
ソシュールの記号論にそっていえば「シニフィアン」と「シニフィエ」ということになるな。つまり、その結びつきは恣意的なので、相棒が「ターター」でも「ハハ」でも「テンテンさーん」でも、どう呼ばれてもいいのである。でも、僕の母にも「ターター」と呼びかけていた。ダメか。

さいきんは「あーーー、タックーン」と歌のような叫びのような声を張り上げている。相棒がすぐにそれを真似して、二人で歌いだした。合唱のように二人の声がピタッと合っている。ちょっとうるさい。

でも、よく聞くとコドモの発音は「タックーン」の「クーン」のところが、クとトゥの中間のような発音で、しかも鼻に抜けている。日本語にはない発音だ。フランス語に近い音はあるが、完全に同じものはない。どこかの民族のコトバに同じものがあるのだろうか？

赤ちゃんは地球上の全ての民族のコトバを話すことができるが、親のコトバを聞いているうちに、それは淘汰《とうた》されて、聞き分けることも話すこともできなくなってしまうそうだ。英語のLとRや、フランス語のRに関して、僕は容易に聞き分けて発音することもできるが、相棒は英語のLRの区別はできないし、フランス語のRはHにして発音している（フランス語にHがない*ので、それはそれで問題はないのだが）。赤ちゃんの耳は、最初は全てを聞き分けているのだが、親がゴッチャにするものはそのうちにゴッチャにするようになり、母語の獲得とともに、他民族の耳をなくしてしまうのだろう。

江戸っ子の耳を獲得すると、標準の日本人の耳もなくなり「おしさまはしがしからのぼるんだ」と言うようになってしまうわけだ。

＊フランス語にHがない
　いや、綴り上はあるのだが、発音しないのである。カタカナ的にいうと、ハヒフヘホがないのだ。だから橋本氏は「ムッシュ・アシモト」になるし、テレビCMで「オリウ！」と連呼していて、何かと思って画面を視たら「ハリウッド」と書いてあったりするのである。

そこで、今、外国語（特に英語）の早期教育が流行のようだ。コドモたちを集めて、ネイティブのスピーカー*が数を数えたり、アルファベットを教えたりするらしい。今や音楽教室を抜いて「習いごと」のトップなんだとか。でも、ちょっと待って……と、僕はそういうのに否定的になってしまう。それは、僕自身が外国語に取り囲まれて育ち、そのことで、今でもその特徴を聞き分ける耳が残っていることは確かなのだが、その分確実に母語の自然な習得が阻害されたという感触があるからだ。僕は日本語を母語とし、日本語以外のコトバで考えを主張したり、書いたりすることができないのだが、その大切な母語でもっても、いまだに「空気を読む」とか「聞くのがうまい」というような能力が劣っていると思うときがある。

まずは母語をきちんと聞き、話し、細かいニュアンスを聞き分け、異なる地域や世代の人の話す抑揚を理解し共感することができるようになれば、それは外国語よりもずっと役に立つだろう。そして、外国語を習得するよりも簡単なはずだ。

僕は英語の早期教育に通わせるんだったら、地元のお年寄りと過ごさせたほうが有意義だと思う。思うんだけど、まあ、そういうのは時流じゃないみたいだが……。

もし、身近で大切な人に外国語を話す人がいるのなら、その人のコトバを自分のものに

*ネイティブのスピーカー
この表現、フランスだったら「差別的発言」とされて問題視されるかも。昭和のコトバに言い換えると「本物の外人」ってやつだから。なんとなく聞き流しているけど、生まれや育ちで、本物か本物でないか優劣をつけるというのは、世界的にいって「やっちゃいけないこと」になっとります。

するのは自然なことだと思う。早期教育がきっかけで、外国人の友だちができるのなら、それもまた幸せなことだろう。

ところで、言語活動ではないが、この三ヵ月間でうちのコドモがマスターしたものに「お辞儀」がある。これも立派なコトバだと思う。最初は膝をガクッと曲げ、首をほとんど傾けることをしなかったので、何をしているのかわかりにくかったが、ここ数週間でかなりサマになってきた。あいかわらず膝も曲がって、肩が少し下がっているのだが、首と背中が前に傾くようになったので、ちゃんと「お辞儀」に見える。

出かけた先で「コンニチハ」と僕たちが声をかけると、一緒になってピョコピョコとお辞儀をしている。拍手をして、お辞儀。指揮者のマネをして棒を振り回して、お辞儀。ちょこっと座って、ちゃぶ台の上に手を出して指をカチカチとぶつけ、立ち上がってからお辞儀（たぶんピアニストのマネ）。

見ていてちょっと恥ずかしかったのは、僕の母が持ってきた携帯電話のオモチャを耳に当てながら「もーしー」と言いながらお辞儀。僕も相棒も、たぶん電話をしながらお辞儀をしているのだ。ペコペコと。……コドモはよく観察しているなぁ〜。

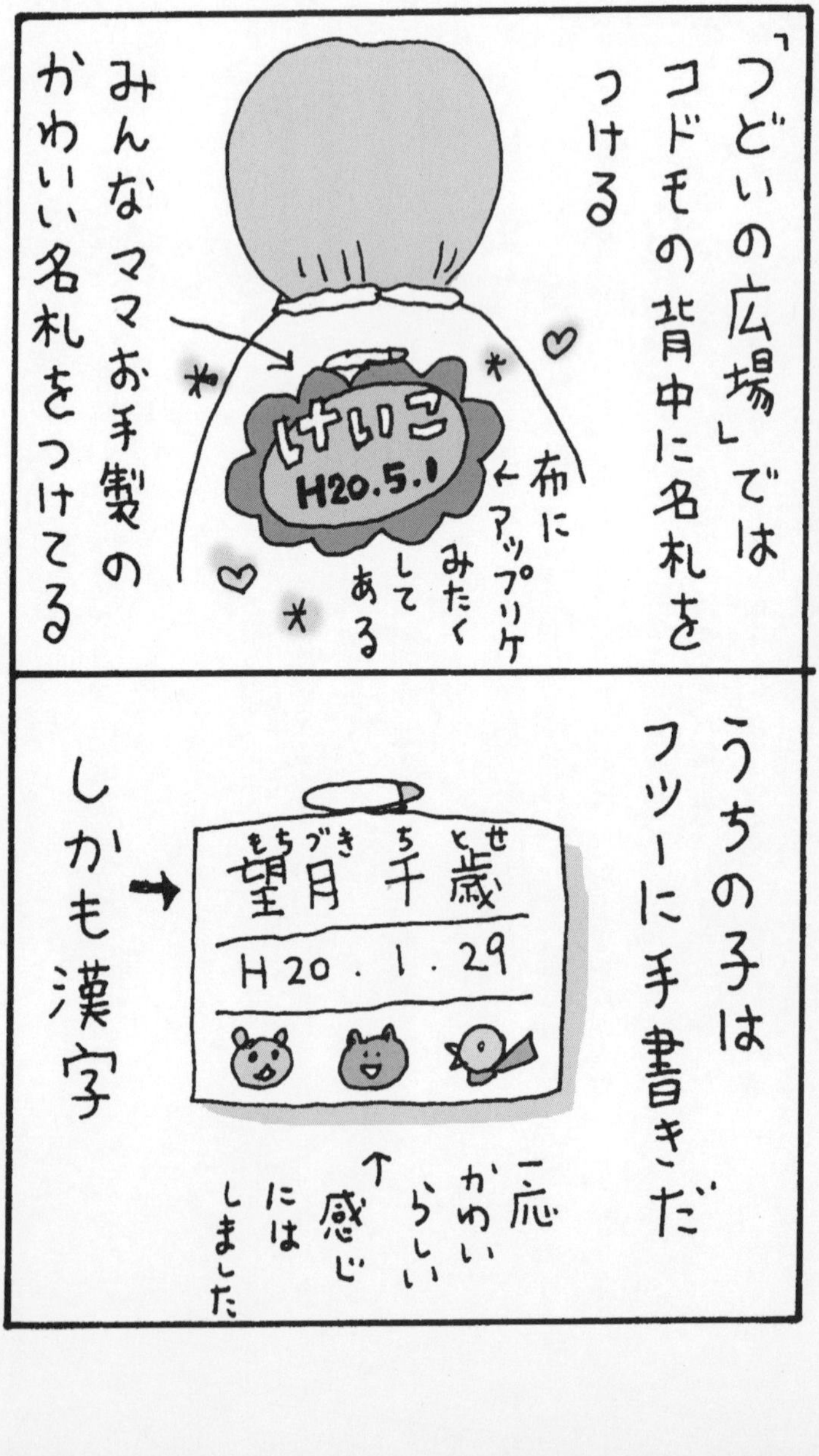
「つどいの広場」ではコドモの背中に名札をつける
布にアップリケみたくしてある
けいこ
H20.5.1
みんなママお手製のかわいい名札をつけてる
うちの子はフツーに手書きだ
一応かわいらしい感じにはしました
望月《もちづき》千《ち》歳《とせ》
H20.1.29
しかも漢字

なんというか、コドモに自我*が芽生えてきたような気がする。

　変化は徐々に現われているので、急に「おお自我だ」と断定できるようなものでもないのだが（子育てにはこの種の「曖昧《あいまい》なゆっくりさ」的なものが多いので、意識して文章に書くことが難しい）、一歳を過ぎた頃から、「ファースト・パーソン」（うちの場合は僕。多くの家庭の場合は母親）、「セカンド・パーソン」（うちの場合は相棒。多くの家庭の場合は……面倒くさくなるので以下略）、「親しい人」「前に会った人」「知らない人」「初めて見た警戒すべき風貌の人」をしっかりと区別しはじめ、自分と同じような乳幼児も認識するようになる。そして、自分は乳幼児であって「ファースト・パーソン」の一番のお気に入りであるという「定義」のもとに自我がスタートするようだ。

　具体的には「セカンド・パーソンにとっても自分はお気に入り」と気付いたり、「親しい人にも気に入ってもらいたい」とか「他の乳幼児は遊ぶのにちょうどいい」とか、自我の拡張が起こり、また「ファースト・パーソンが自分を差し置いて他のことに気を取られた」「他の子供を抱いてあやしていた」などと（自我を揺るがすような）事件があって「それが気に入らない」とぐずってみたりもする。

　そんなような自我が、まことにゆっくり成長していくのである。ゆっくりだが確実に成長し、コトバの獲得の前に「ボクはボクだ。みんなボクをかまえ」という世界の中心にな

＊自我

　横文字で「エゴ」といったりすると、日本語的には否定的な感じかな。でも「エゴ」というのはギリシャ語で「私」という意味だったりする。それを精神分析という哲学を打ち立てた心理学者フロイトが（たぶんギリシャ語を使ったりするとアカデミックな匂いがするという魅力に依拠したのだと思う）「私の中の意識される私」みたいなニュアンスで「エゴ」と称した。フロイトの「自我」は、自我を超越的に縛る「超自我」と、欲望に突き動かされる「イド」とのセットで用いられとります。その後ユングという心理学者は「超自我」と「イド」は整理してしまい、「自我」に対する「自己」を定義することで、「自我」は目先の損得に振り回される狭い自分、「自己」は時間的空間的に広がった損得抜きの自分となり、なんだか「自我」の立場は貶められたのでありました。

っているのである。

ということで、一歳四ヵ月。「世界の中心*」たるうちのコドモも、パパのちやほやだけでは足りなくなってきた。

部屋で遊ばせておくと、必ず外に出たいと主張を始める。広いところを歩き回ったり、新しいものを見つけたいというだけではない。他の人を見たいのである。他のコドモも見たり触れたり、遊んだりしたい。

そこで、コドモを連れて商店街や近所を歩く。スーパーに行く。スーパーに行くと他のコドモがいる。でも長居はできない。行き付けの喫茶店や図書館に行く。他の乳幼児に出会ったりもする。でも親同士がその場を仕切っている。勝手に遊んだりはできない。

そこで公園だ。公園だと、かなり自由に遊べる。コドモ同士のやりとりもある。だけど、ボールを投げたり、遊具によじのぼったり……しているのは三歳過ぎのコドモたちだろう。うちのコドモにとっては、ちょっとついていけないのである。フラフラ立ち歩いている

*世界の中心
ここでは、僕たちをシモベとして王様のようにコドモが君臨している状態を示しております。でもコドモにとっては当然のことなんだよな。だから付き合っていると疲れる。そうなんだけど、コドモにその万能感をきちんと味わうことを、させてやったほうがいいという考え方をする人もいるし、そういうのが「三歳児神話」などに結実していったのではないかと思われます。実際、コドモを目の前にすると、その「世界の中心」を動かしてしまうこと（例えば泣いているのに託児所に預けるなどするとか）に罪悪感を覚えることは確かだ。

*補助輪つき自転車
補助輪つき自転車は、見かけよりも「横幅」を広いものとして考えなければならない。しかも、その横幅の最大幅は地面スレスレの「補助輪」の部分にある。だから運転するコドモにとっても、横に立っているコドモ

と、ときに突き飛ばされたり、補助輪つき自転車*にひかれそうになったり、危ないこともある。公園はワイルドな遊びをするのにちょうどいいのだが、付き添いのパパとしては、「小さなコドモたちのママが仕切っているとき」は、こちらの一挙一動を監視されているようでやりきれないし、「大きなコドモたちが走り回っているとき」は、ちょっと危険なのでヒヤヒヤする。

なんか、一歳過ぎのコドモにちょうどいいものはないのか、と思っていたら、「つどいの広場」というものがあるらしい。行政からの通達で、地域の子育て支援策として、各市町村が独自に設けているものだ。うちの市にもあるし、隣の市にもある。たぶん他の市町村にもあるのだろう。「子育て支援センター」とか「遊び場」と称しているところもあるようだ。空調の効いた建物の一角に、会議室くらいのスペースで走り回れる空間が確保され、自由に遊べるオモチャ（頑丈なプラスチック製の原色のものなど）が備品として置かれている。他にも絵本や、運営者が趣向を凝らして作った手作りオモチャがあるケースも

にとっても「死角」だ。だからなかなか危険なんである。あそこをどうにかできないか考えてみたが、たぶん効果的な対策方法を考えられれば一発明になりそうだ。

ある。財政的に余裕がある場合は、広くてミニ遊具（スベリダイやジャングル・ジムの小さいの）が設置されているところもある。

この「つどいの広場」は、基本的に参加資格が厳密に定義されているものではないが、未就学の乳幼児と保護者の組み合わせということになっている。乳幼児を預かる場所ではないので常に保護者が付き添わなくてはならない。預けて買い物に行ってしまったりはできないということだ。そのかわり、乳幼児はいくら小さくても参加ＯＫだし、これからママになる妊婦さんも出入り自由だそうである。

さて、ここである。

「参加資格は乳幼児と保護者」なのである。原則的にはパパと息子でもいいのである。祖父母と孫でもいいのである。未就学児と小学生のお兄ちゃんではどうかと思うが、もしかしたらママが買い物に行ってくる間（その組み合わせなら）置いとけるかもしれない。もちろん、重要なことは「資格があるからといって歓迎されるものではない」ということだ。

「これからママになる妊婦さんも出入り自由」というあたりに気をつけて欲しい。

そこは実に「ママ的空間」なのである。「これからパパになる妊婦さんの夫も出入り自由」とはいえない雰囲気だ。付き添いならまだしも、単独で来たら早々に引き取りのプレッシャーをかけられることは必然と思われる。

公園だと、土日は父親とコドモの組み合わせが多く、さながらパパ公園と化していると きもあるのだが「つどいの広場」は原則「月〜金の午前十時から午後四時（五時六時のと ころもあると思う）」である。基本的に勤め人の参入をシャットアウトしているのだ。こ の点によるわけでもないのだろうが、運営者や利用者によってはあからさまに「ママと小 さいお友だちのつどいです。それ以外の人たちは遠慮してね」という態度が見え見えのと きがある。

微妙なのは僕のような存在だ。勤め人風ではなく、あきらかに子育て専業族。しかし、 男なのである。まだまだ少数派だ。「ウワサには聞いたことがあるけど、初めて見た」と いうような扱いを受けることも多い。いや、基本的にはそのように扱われる。

その扱いで不満はない。しょうがない。

「ウワサにも聞いたことがないし、男親がコドモを連れて遊びにくるなんて非常識だ」と 扱われることもないではない。それもまあ、しょうがないのかもしれない。

男子トイレの前に備品が山と置かれていて、入るのに難儀するのもいいだろう。

しかし、問題は運営者に受け入れてもらうことだけではない。

重要なのは、他のママたちの空気に溶け込むことである。基本的に、顔を出したときの最初の反応は微妙なところである。微妙に拒否的な「空気」がしらーっと流れて、この段階では拒絶ではないが、受け入れようという雰囲気に傾くこともない。

僕自身の体験では、その「空気」は、僕がその場にいる他のコドモたちに気に入ってもらえるかどうかで「決定」してくる。神経質なコドモが一人でもいて、「大人の男なんてあんまり見たこともないし、僕のそばに出現しないで」というように泣き始めると、もうダメなんである。「ごめんなさい僕たちが場違いでした」とその場を去るしかない。

なんとか、他のコドモたちの機嫌を取るのにも成功すると、少し空気が受容的になる。そこで居場所を確保して、なんとなく他のママたちの話に耳を傾けていくことになるのだ。

「つどいの広場」での親同士の会話は、基本的には「コドモの成長」「行政のサービスの口コミ」「育児用品や幼児食の口コミ」「幼稚園や学校のウワサ」などで、たいへんに有用*なものが多いのだが、「出産のときの詳細な話」と「男親がいかに育児に非協力的である

＊たいへんに有用
　というか、なければ困るような情報がいくつもあったぞ。行政のサービスや、保育園、幼稚園について、また各種施設や地元のミニ・スポットの情報、あるいは各公園で見られるローカル・マナーのことなど。行政のサービスについては、なんと役所や施設に問い合わせても教えてもらえないことが、あっさり口コミで流れている。そういう意味では、ママ仲間がいないと、コドモを育てていくのは無理なんじゃないか。自分がそうした情報で得をしておいてから言うのもなんだが、そんな情報格差を放置しておくのは良くないんじゃないかとは思う。もちろん、行政のサービス等で配分されるパイの大きさが限られているために、大っぴらに広告できないものもあるらしい。

か」という話題も出てくる。特に後者二つは盛り上がるのであるが、みんながみんな盛り上がっているわけでもない。この二つで話を盛り上げているママさんたちは、自分と同じ考えの人たちを選別して結束しようとしているかのようである。この結束が固くなりそうなとき、というか、盛り上がり率八十パーセントくらいのときは、やはり僕のような存在はその場を去るしかない雰囲気になってしまう。

　もともと僕は、性別を問わず他人と友だちになるのがうまいほうだと自負していたのだが、「つどいの広場」では友だちを作れそうにはない。常に空気を読んでビクビクし、「スミマセン末席に加えていただけるだけでアリガタイのでございます」とマイノリティの立場を自覚している。

　いっぽうで、僕のそのダメさを補って余りあるのが、我が子の立ち居振る舞いである。親のヒイキ目かもしれないが、「つどいの広場」に入ると、親である僕から離れて、他のコドモたちにどんどん近づいていき、オモチャを渡したりオジギをしたりして「仲良し関

係」を演出してしまう。その場所ではたいてい、ママとコドモ二人一組のユニットが点在しているのだが、うちのコドモが割り込んでいくことで三人組が出現し、なんだか楽しそうな雰囲気になる。すると勇気ある他のコドモもやってきて、そこから「遊び場」として発展するのだ。

そして、うちのコドモは遊びの中心になってしまうのだが、ときどきフラフラと「一人ぽつねんと座っている」僕のところにやってくる。そしてオモチャを手渡してニマッと笑うのだ。さながら「パパも楽しみなよ」と言っているようだ。

我が子ながら、羨《うらや》ましい性格である。

うちの相棒に、そうした情景を報告したのだが、相棒いわく「それは私の性格だ」とのことである。相棒も幼稚園に行くまでは、とても外向的でどんどん自分をアピールして友だちを作るのがうまい性格だったそうである。しかし、幼稚園・小学校と進む間に、その外向性は潰されてしまったらしい。偏食を理由にネチネチと締め上げられたらしいのだが、確かにうちの息子も偏食のきらい*がある。保守的な偏食なので、苛《いじ》めたくなる気分も分からないでもない……。

*偏食のきらい
その後顕在化しました。二歳三ヵ月現在、その偏食と闘っている毎日です。ほっておくと、ご飯、パン、ウドンの主食とお菓子しか食べない。今の作戦は「××ライス作戦」で、カレーライス、ハヤシライス、肉じゃがライスのローテーションで、すりおろした野菜をソースに混ぜ、ご飯に混ぜて食べさせている。

一回目
ツレと息子が「パパ講座」に行ってる間…
テレビを見ながらゴロゴロする
あー一人でテレビ久しぶり
二回目
ふだんできない所をそうじする
じゃまするヤツがいないうちにっ
ウぃーん
今のうちっ

隣の市で、乳幼児のパパを集めた講座があるというので、参加してみた。

ふと開いてみた地域のコミュニティ新聞に、パパ講座への参加を募る宣伝が出ていたのだ。土曜日の午前十時から二時間、全六回の日程で、隣の市のNPO団体が主催している。隣の市の中心部で開催されるので、うちから行くには少し遠い。歩きでは無理だが、バス一本で行ける。さらには託児も付いている。この「託児付き」に安心を感じる。

講座の趣旨は、カナダ生まれの「子育て中の親支援プログラム」である「ノーバディーズ・パーフェクト*」というものをアレンジして行うそうである。「ノーバディーズ・パーフェクト」は直訳すると「完璧な親はいない」というところか。ついつい完璧主義に走りがちになるところを大きな欠点として自覚している僕に、いましめのように響くコトバだ。

「この講座に参加してみたいんだけど」

と相棒に相談した。相棒は賛成してくれる。

「いいんじゃなーい？　行ってみれば？　あ、でも、もっと近所でも同じような集まりはやってないの？」

そう言われて、念のため確認してみる。

＊ノーバディーズ・パーフェクト
略してNP。北極点（ノースポール）のことではない。無信条（ノーポリシー）のことでもない。なんかよくありそうな略称です。調べてみたら、テキストも日本語訳のものがアマゾンなどの通販で扱われている。けっこうわが国にも浸透しつつあるようである。講座を主宰して教えてくれる人を「ファシリテーター」と称したり、少しユニークな特徴もみられます。

近所の公民館には、同じようなつどいのチラシがたくさん並べられている。ここで調べてみた。

確かに同じ趣旨のプログラムの講座は存在した。でもママ向けというものしかないようだった。「ノーバディーズ・パーフェクト」母親講座である。

しかし、ママ向け講座があるということで、ちょっと悩んだ。どうなんだろう？　僕のやっていることは、一般的に「ママ」である。もしかしたらママ講座のほうに出席するべきではないのだろうか？

もし父親向け講座に出席して「育児をするパートナーを支える」という観点からのお勉強しかなかったら、ちょっと孤独を感じてしまうかもしれない。そうはいっても、僕はやっぱり父親だ。父親だからパパ講座のほうに出席したいと思う。「託児付き」と書いてあったところに、何か期待を感じる。そうだよ。子育てメインパーソンも歓迎されているから「託児付き」なんだよ、と。

「やっぱり、この隣の市のパパのほうに行ってみたい」

と相棒に向かって宣言。

世話人という方に、電話で連絡を取り、数点確認をし（隣の市だけど大丈夫なのか等）、届いた申込書に鉛筆で記入して、ＦＡＸで送信する。当初は託児も全六回を申し込んで、講座の開始を楽しみに待つことにした。

しかし、講座の始まる少し前から「新型インフルエンザ*」なるものが国内で流行の兆しを見せているというニュースが世の中を覆う（騒動が一段落した今では、インフルエンザの流行よりもマスク着用の流行のほうが著しかったと思うのだが、あのときの恐怖感は大きかった。なにせ、このインフルエンザは、湿度も温度もある状況なのに、かなりの感染力を持って広がっているらしかったから）。

一歳そこそこのコドモを育てている身としては、できればバスや電車などのヒトゴミを回避したいと思うようになってきた。

さらに、それに加えて、別の問題も発生する。

土曜日の前日は、金曜日だ。

我が家の個人的な事情だが、相棒原作のテレビドラマが、金曜夜十時から放送されることになり、最初はコドモをこの時間までに寝かせてしまおうと画策していたのだが、どう

*新型インフルエンザ
新しいウィルスによる流行ということで、ちょっと怖かった。でも、当初は重症化が深刻な鳥インフルエンザ（H5N1）が人にうつるものに変異したときの対応がされていて、物々しい警戒ぶりだったんだけど、実際には弱毒性の豚インフルエンザ（H1N1）が人にうつるものに変異したので、だんだん警戒は尻すぼみになった。でも、未就学児童に集団感染が出たり、この世代に死者が集中したりして、コドモを持つ親としては気が気じゃなかったんだけど。

しても寝てくれない。親の間に漂う、微妙な緊張感をすっかり読んでしまっているのだ。

それで、金曜日の夜は（「予告」の放映された日も含めて）四週間、親も子も緊張感みなぎる状態で、夜半まで起きていることになった。当然、次の日はコドモは昼近くまで寝ている。

そんな状況で、パパ講座の開始日が近づいてきた。そこで、はじめの三回分の託児はキャンセルすることになった。まあ、土曜日なので相棒が仕事を休んでコドモを見てくれるという。それに甘えることにする。

ついに、第一回パパ講座の当日が訪れた。
朝、決して早い時間ではないが、まだ寝ているコドモを置いて出かける。なんというか、初めて味わった「お勤めパパ」的な気分である。着替えて戸口に向かって移動していたら、ファースト・パーソンの裏切りに敏感に気付いたコドモに泣かれる。覚悟はできていたが、やっぱりかという気分だ。

調乳したミルクを入れた哺乳瓶を相棒に渡し、ミルクを飲ませてもらっている隙《すき》に、こっそり戸口を出る。久しぶりに味わった自由な気分で解放感を覚えるが、同時に自分にひたすら信頼を寄せているコドモを裏切ってしまったような気分もチクチクと感じる。

隣の市の中心部に行くので、バスか電車を使わなければならないが、この日は電車を使って移動した。駅の階段を昇るとき、とても体が軽いと思う。いつもコドモを体にくくりつけて移動しているのがアタリマエになっていたのだ。最近はコドモの体重も増えたため、エレベータを使うことも多くなっている。

電車でも座らず、立って吊革を摑んでみる。数年前までは毎朝、満員電車に乗って通勤していたのだ。それが今では、たまに電車に乗ってもコドモを抱えて優先席だ。そして、今日は久しぶりに体一つで移動していることがなんだか特別に思える。人間の意識って思いもよらないほうに変わっていくものだなあと思う。

パパ講座は、神社の境内にある「公民館」の一室で始まった。もともと神社の社務所だったのではないかというような建物で、畳の部屋がいっぱいあり、大きな樹木に囲まれていて涼しい。

パパ講座の参加者は九名だった。十人くらいを想定した講座ではあったが、なかなか人が集まりにくいというのが現状だと世話人*の方が言っていた。今回はそれでもよく集まったほうということになる（達成率九十パーセントだ）。

講座が始まり、最初は自己紹介などを行う。

年齢もまちまち、立場もまちまち。しかしコドモの年齢が共通している。そして子育てへの情熱も共通しているということがわかる。

僕と同じように、子育てメインパーソンを務めているパパは残念ながらいなかった。しかし、自宅で仕事をしているパパは、仕事を中断されながらも子育てに関わっている。会社勤めをしているパパたちも、自分に残された時間と精神力のほとんどを子育てに注《そそ》ぎ込んでいることが伝わってくる。

ある意味、僕よりも貢献度が高いのではないかと思う。貢献度が高い証拠に、子育てに拘束されてしまったもの特有の親バカ光線のようなものが出ているのである。もちろん、僕からも出ているだろう。

しかし、ここに集《つど》った勤め人パパたちは、自分に残された時間と精神力のほとんどを子育てに注ぎ込んでいるのに、たまの休みにまた「パパ講座」に来てしまうのである。もちろん、土曜日の午前中にコドモを押し付けられるので、ちゃっかり託児を利用しようと画策しているのかもしれないし、子育てを趣味のように楽しんで、同好の士と交友を拡げよ

*世話人
前出のように、ファシリテーターと自己紹介されていました。このときは子育てをすでに終えた世代の女性と、少し若い男性の二人。

うという精神的な余裕があるのかもしれない。

いや、でも自分が勤め人パパだったら、とてもこうはできないだろう。

うちの相棒（女親ながらセカンド・パーソン）だって、子育てによく協力してくれるが、たまに時間的余裕があると趣味の宝塚歌劇の観劇か、リラクゼーション系のお店*に走ってしまう。

それがコドモに縛り付けられている僕には羨ましくて「キーッ」と八つ当たりなどをしてしまったりもするのだが、少なくとも相棒が余裕のある状態で働いてくれていないと、僕の子育て専業も成り立たない（と、僕は自分を納得させる）。

しかるに、講座に集まった勤め人パパたちは、立場はいろいろでありながら、子育てセカンド・パーソンとしては実に理想的にサポートしているようだ。

「うん、パパだって頑張っているんだ」

そのことを確認できただけでも、それから、理想的なパパたちを見ることができただけでも、参加した価値があったと思った。

*リラクゼーション系のお店
アロママッサージ、ヘッドスパ、ネイルサロン、フットマッサージなどさまざま。かつてはホットヨガとかレイキヒーリングなんてものにも興味を示していた。しかしどうして、似たようなものが次々と出てくるんでしょうね。

講座では、育児についていろいろな話し合いをした。彼らは概ね《おおむ》、僕と同じような「よく観察し分析する」話し方をするので、会話がとてもスムーズだった。いつもママさんたちとは、どうしても「情緒的」で「好き嫌い」を中心とした話になってしまうことを思うと、「科学的」で「ときにパソコン*に喩《たと》えてしまう」パパたちの会話は、ママさんたちからすれば「だから何だっていうのよ」と言われてしまうようなものなのだが、情報を共有することで精神的に安定する「無駄話」としては、僕にはとても心地のよいものだった。

「やっぱり、僕はパパだ。パパなんだ〜」

日ごろ、自分は出来損ないママのようなものかもしれないと思っていた僕は、子育てという人生を生きている同志たちに出会い、自分を改めて掴み直すことができたのだった。

二回、三回と講座は進み、他のパパたちともどんどん打ち解けてきた。

育った立場もまちまちだが、今存在する自分たちのコドモを媒体《ばいたい》として、それぞれの少年時代にタイムスリップしてしまうパパたちは、その童心に帰った気持ちをテコにして、お互いに親しみを覚え、仲間集団となっていった。僕もそうだが、講座に通っている他の

＊ときにパソコン
女親が聞いたら「だからやっぱりパパはバカ」と言われてしまいそうな比喩なんですが、コドモのOSとか、よく寝たあとにバージョンアップとか、バグとか、マイナーチェンジとか、マザーボード差し替えとか、そんなふうに会話の端々に出てしまうことです。

メンバーたちも、講座のある前日に「明日は講座があると思うとワクワクする」という心情を吐露していた。楽しかった、のである。

さて、相棒原作のドラマの放映も僅か三回で終わり、講座の後半からはうちのコドモも連れて、バスに乗って講座に通う。

僅か二時間だが、コドモにとって（もちろん親にとってもだ）初めての託児体験もする。

そして、六回の講座が終わったとき、九名のパパ友たちは固い結束を誇る「子煩悩パパチーム」となっていた。数ヵ月ごとの再会を約束し、中華料理店を借りきって打ち上げ会（それぞれのパートナーとコドモも含めて参加）まで行って、別れがたい別れを迎えたのであった。

ちなみに、そんな熱いパパ仲間との時間を過ごしている僕を横目で眺めていた相棒の感想は「なんだか羨ましい〜」というものだった。でも、打ち上げ会への参加を打診したときの反応は「なんか浮いてしまいそうだから、よすよ」というものなのだった。どこまでもクールな一般パパのような相棒だ。

1歳6カ月健診で
自動車が好き？ 電車が好き？
保健師さん
指揮者が好きですっ
ふんふんふ〜ん
お母さんのお腹の中でクラシック音楽をいっぱいきいてたのかな？
どうようしてる？
いえ うまれてからきかせました
腹の中から指揮者は見えなかろう…
ふんふんふ〜ん

一歳六ヵ月健診がやってきた。

市役所の健康増進課*から、息子宛に封書が届く。市の保健センターに定められた日に集合するようにと書かれている。当日持参すべき問診票も同封されている。

これは大きなイベントだ。

これまでの三ヵ月、六ヵ月、一歳健診は、定められた期間に自分たちで行きつけの病院に申し込んで受診するというものだったのだが、まあなんとなく顔見知りのお医者さんに診てもらって、なんとなく母子手帳に書き込んでもらうというような、それほど緊張感のあるものではなかった。

今回は緊張する。同じ月の後半に生まれたコドモが、市内から一斉に集められ、集団健診の形で受診するのだ。

こういう形は、生後一ヵ月健診というのがあったが、それ以来だ。もっとも一ヵ月のときは病院ごとの受診だった。今回は病院の垣根も越えての大集合である。

そして、記述すべき問診票。

「××はできますか?」というような質問が次から次へと続いている。

ちょっとしたテストみたいな気がする。

届いたときに、少し読んでみたが、ほとんどクリアできていない。

*健康増進課
一般的に「病気の不在」が「健康」であることを思えば、「健康」は「より健康」「スーパー健康」などと「増進」していくことはないように思うので、へんなネーミングだ。でも、実際の仕事ぶりを聞いてみると、たぶん自治体が費用を負担する「国民健康保険」の被保険者の医療費がかさむと財政を圧迫するので、事前に「健康増進活動」なるものをして、医療費の節約を目指している課だという理解ができる。

「小さな豆粒のようなものを、つまんで拾い集めることができますか?」

「興味のあるものをみつけると、母親に知らせに来ますか?」

「名前を呼ばれると振り向きますか?」

「指で示して、簡単な物の名前を言いますか?(ワンワン・ブーブーなど)」

全然ダメだ。うちのコドモは足元にも及ばない……と感じる。

本当に一歳六ヵ月というのは、こんなに高度なことができるのか?

問診票には、他にも親の資格を問うような質問が列記されていて、読んでいるだけで少しへこむ。

「育児を楽しいと感じていますか?」

「主食(ご飯・パン)、主菜(肉・魚)、副菜(野菜・茸《きのこ》・海草)をバランス良く食べていますか?」

「仕上げの歯磨き*をしていますか?」

全然追いつけていません。これは僕が悪いのだろうか? きっとそうなんだろう。育児は大変で「楽しい」なんて形容は今は言えそうにないし、食事は偏食で主食を手づかみで食べるだけ。サジにも不信感を持たれてしまったので、歯ブラシを口に突っ込むなんてとてもできそうにない。

*仕上げの歯磨き
コドモに歯ブラシを持たせると、おおむね口にくわえて遊ぶので、そのことで幾らかの歯磨き効果が出ているものとして、最後に親が歯ブラシで前歯の隙間などを磨いてやることを「仕上げの歯磨き」と称しているらしい。しかし、歯ブラシを口にくわえなかったらどうなんだ? 親が持った歯ブラシを口に入れさせてくれなかったらどうなんだ? なんとなく筋書きを強要されているような「仕上げの歯磨き」です。

そんなこんなで、問診票一枚で気落ちしながら一歳六ヵ月健診の当日を待つことになったのであった。

一歳六ヵ月健診の当日は、台風の接近で大雨だった。

朝から滝のような雨が横殴りに降っている。ちょっと前の僕だったら、一日起き上がれずにいるような天気だ。というか、コドモを連れて外出するなんて無理なんじゃないか？それでも代替の日はない。家から歩いて三十分くらいの距離なのだが、バスを使うにしてもバス停まで行くのが大変だ。なのでタクシーを呼んでみた。

タクシーはすぐに来てくれたが、乗り込むときに僕は頭を強くぶつけてコブを作ってしまった。なにせ大荒れの天気で、コドモを抱いて傘をさして……自分の頭がどこにあるのか見失っていたのだ。

そんな苦労をして、保健センターまで行く。皮肉なことに、僕らが到着して十五分もすると風雨はすっと退《ひ》いてしまった。少し遅れて行けばバスでもよかったのだ。

心配して相棒もついてきてくれた。このことが後にどうも難しさをはらんでしまうことになった。育児を担当しているのは僕なのだが、傍目に僕が付き添いとして来ていると見られてしまったのだ。

最初に身長と体重を計る。それから問診票を見せながら女性の保健師*さんの面接を受ける。

「かなり小さいですね。母乳はまだ続けているのですか?」

相棒に質問が行く。

「母乳は最初から出ませんでしたので人工で育てました。でもミルクとも相性が悪かったので早くから離乳をしました。そのあとは偏食傾向が強くて少食が続いています」

僕が説明をする。それから、通常の家庭と違って、父親である僕が子育てのファースト・パーソンを務めていることや、主夫業としての家事も行っていることも説明しておく。

「はあ……」

困惑気味の保健師さん。

「体が小さいだけでなく、発達も遅れているようですが……」

と問診票の「はい」の少なさを指摘されてしまう。まあ、こちらは覚悟の上だ。

「……一歳六ヵ月くらいだと、少しずつ意味のあるコトバを喋りだす頃になるのですが、意味があるコトバは言えないのですか? ママとか、マンマとか。たいていのコドモが最初に言うコトバなのですが……」

*保健師
以前は「保健婦」と称されていた職種。そのせいか、男性の保健師にまだ会ったことがない。自治体に所属している場合、コドモやお年寄りを相手に活動することが多いのではないかと見受けられる。政管健保(あらため協会けんぽ)から派遣されてきた方に会ったこともあるし、病院や自治体の他、大企業や学校、保険会社などさまざまなところでこの資格を持つ方が働いているのだと思う。雰囲気的にはフリー化した看護師さんといった風情だ。

「残念ながら、意味のあるコトバは言いません。口を使って遊びのように声は出しますが、マ行の単語は言えないみたいです」

カ行とタ行が得意なようなんだが。かっこう、こっかい……。意味はない。言語として対象と結びついてはいない。

「ブーブーとか、ワンワンとか、ニャーニャーとか。全然言いませんか？」

「……聞いたことがないです」

「耳は聴こえているのですか？」

「それは大丈夫です」

ベートーヴェンを鼻歌で歌っているので、耳が聴こえないということはないだろう。

保健師さんはその後も「フツウだったら××はできる」という表現を繰り返し、いかにうちのコドモの発達が遅れているかを強調しているように感じた。うちのコドモもその日は機嫌が悪く、「発達が遅れている」と言われると確かにそんなようにも見えた。

「育児について困っていることはありますか？」

保健師さんが僕に問う。それについては問診表にも詳しく書いてある。

「はい、偏食と夜泣きです」

夜泣きはほとんど毎日、百パーセントあるのだ。それが僕にとってもとても負担なのである。

「夜泣きのとき、母乳を飲ませていますか？」

僕はうんざりする。それまでも何度か「僕が育てている」「母乳は最初から飲ませていない」と説明しているはずなのだ。

「泣きやむまで抱いて揺すります。外に連れ出すこともあります。一年前くらいからずっとです」

「夜泣きがひどいのは一歳くらいまでなんですよ」

と保健師さんは断言し、問診票に赤丸で「医」と書いてくれた。

それから、お医者さんの面接を受けることになったが、こちらはもっとチグハグだった。お年を召したお医者さんだったので、母親がいるにもかかわらず、父親が育児を担当しているという状況が理解できないみたいだった。夜泣きに関しても「ストレス、ストレス」と繰り返していて、僕がいかにきちんと状況を説明しようにも、話が通じているという感触が持てなかった。

老医師はどうも遠まわしに「母親がいるのに父親が育児をしているのがコドモにとってストレスになっている」と言っているようにも感じた。それで、僕は質問の内容をかえてみた。ずっと気になっていたところだったので。

「僕自身はヨーロッパで育ったので、途中から欧米式の子育て*のしかたで育てられまし

*欧米式の子育て
東洋式との一番大きな違いは、コドモをコドモ部屋に一人で寝かせるということだろう。六ヵ月も過ぎれば、夜泣いても放っておかれる。親が自分の生活を犠牲にするという習慣が少ないように思われる。また、イギリス・ドイツ式だとコドモに言うことを聞かせるのに鞭をふるったりするし、フランス・イタリア式だと自由に育てられるものの、コドモの行動から生じた責任をコドモ自身が徹底的に取らされる点が厳しい。一般的に日本人は欧米式の子育てを「コドモを可愛いと感じていないのでは？」と批判的に見てしまいがちだし、逆に欧米人は日本の子育てを「コドモをわざわざダメにしているのでは？」と見てしまいがちだ。

た。だから、ずっと添い寝をして、夜泣きをしたときもすぐにあやすということが僕自身のストレスになっているかもしれないと思うのです。保育者がそういうふうに感じているとしたら、コドモもヨーロッパ式に育てたほうが合理的なのでしょうか？」

するとと、お医者さんはその質問には答えずに、唐突に「それでは精密検査を受けてください」と指示をしてきた。

「発育・発達も遅れているし、夜泣きも心配だね。念のためCTスキャン*で脳に異常がないか見てもらうといい。もしなんともなかったら、それで安心すればいいのだし」

ということで、精密検査の紹介状が出る話になってしまった。

「え、ええっ？」と思ったのだが、「念のため、念のため」ということで押し切られてしまった。確かにその日のうちのコドモはとても機嫌も悪く、その日集まっている他のコドモと比べて小さくて弱々しく見えたので、異を唱えることができなかった。

帰ってきてグッタリ落ち込んだ。そんな僕に相棒は言った。

「フツウじゃないって言われても、もともと私たちがあんまりフツウじゃないんだしさぁ。それに最初から高齢でコドモを授かったんだから、どんなコドモでもいいって覚悟してたじゃない？　そんなことで落ち込むなんてどうかと思うよ」

*CTスキャン
CTスキャンとは放射線を使った「コンピュータ断層撮影」のこと。もちろんこのあとCTスキャンを使用することにはならなかったし、一歳六ヵ月健診の結果、CTスキャンを使う必要があった事例があったのかどうかも、定かではありません。

「そうだよなあ。あの場にいた保健師さんやお医者さんは、フツウじゃないとダメとか、親がもっとちゃんとやりなさい、ってそればかり言っていたよなあ。キュウクツだよなあ」

僕はちょっと自分を立て直した。コドモを見ているとわかるのだが、一年前から比べればとてつもなく成長したし、六ヵ月前から比べてもはっきりと成長しているのだ。それが平均的な発育からは遅れているとしても（それが親のサポート不足のせいだと言われたとしても）、あまり気にする必要もないだろう。

やがて台風も去り、不吉な一歳六ヵ月健診の余波も少しずつ薄れていったように思えた。しかし、それから数日後、家のポストに「精密検査受診票」が届いたのであった。二ヵ月以内に大学病院に行って、検査を受ける必要があると書いてあるものだ。

費用は市が負担してくれるとのことだが、さて、なかなか足が重い。そして、今度は何を言われるのだろう。

息子の成長がおくれてると言われて
大丈夫だよ
そのうち
追いつくよ
そーだよねっ
気にすること
ないよっ
でも
おもいっきり
うろたえてる
空気を出して
いたので
それを察した
息子は
べんぴになった
おろ
おろ
おろ
おろ
おろ
ダメな親で
ごめんよー

一歳六ヵ月健診の続きの話になる。

一歳六ヵ月健診で「精密検査が必要」と言われてしまったうちのコドモだが、それから寝顔などを見るにつけ「そうかー、発達が遅れているのか……」と気になってしまう。

市役所から届いた「精密検査受診票」には、二ヵ月以内に大学病院に行くように書かれている。二ヵ月以内に行けばいいやと考えると、焦ることもないようにも思えるが、そうはいっても早いうちに診てもらったほうがいいとも思う。

さてどうしたもんだろう？　と考えているうちに、また新型インフルエンザも流行の第二波*が始まったようだ。なんとなくこのままでは、足が遠のいてしまう……と考えて、思い切って、健診から一ヵ月のボーダーをまたぐ前に、大学病院に行ってみることにした。

大学病院の受付は、午前八時からなので、七時四十分くらいに着くように計算して、バスに乗る。この日はコドモと僕と二人きり。相棒は取材の仕事が入っている日だった。

病院に到着すると、すでに長大な列が病院の玄関からはみ出している。はみ出した部分は、僕らが着いたときは十数人だったが、すぐに僕らの後ろにも人がつらなり、あっという間に四、五十人が僕らの後ろについてしまった。そして、前方を見てみると、こちらも長大な列は病院の中でジグザグに待たされており、すでに前方には百人近い待ち人がいる

＊流行の第二波
二〇〇九年の九月半ばです。春先に海外からの侵入で大騒ぎしたあと、各地の高校で新型インフルエンザの集団感染がありました。それが中学校、小学校とだんだん低年齢化してきたのがこの頃です。

ことが見てとれる。

「さすが大学病院。すごい混雑だなあ……」

と思う。

八時ジャストに受付開始。列がジリジリと進んで行き、銀行のATMのように並んだ受付機に診察券を入れ「受付票」を発行してもらう。ATMとは違い、操作は一瞬にして終わる。しかし、このときの一分二分の受付時間の差が、診察時には十分二十分の差になってしまうのだ。うちのコドモは八時四分に受付票を発行してもらった（つまり、九時から始まった診察で四十分くらい待たされることになった）。

さて、列で並んでいるときに気づいたことは、待たされている人たちはみんなマスクをしているということである。やはり新型インフルエンザへの備えだろうか。僕はマスクを持ってこなかったことを少し後悔したが、まだマスクを装着することができないコドモがうつってしまえば、結局は同じことである。

そして、受付を済ませたら、今度は手指消毒である。アルコールの入ったジェルを手にすりこんで消毒をするよう促される。コドモはアルコールの匂いを嗅いで、すでに怯《おび》えモードだ。この匂いのするところに行くと、痛い注射をされると思っているのだろうか。

「今日は注射はないから。大丈夫だから」

と気休めを言って、アルコールをつけた僕の手をコドモの手にこすりつけて消毒をする。

小児科の待合所に行くと、まだ誰もいない。窓口が開くのも三十分後である。

コドモはすでにぐずりはじめている。少しそのへんを歩かせてみたが、どうも他人に迷惑をかけそうで冷や汗ものである。とりあえず窓口が開く三十分過ぎまでは、病院の外に出て駐車場付近をウロウロ歩くこととした。

小児科の窓口が開く時間に戻ると、「一ヵ月健診以来のご来院なので、初診票を書いてください」と言われ、それを記入しようとする。しかしコドモはぐずる。抱きとめていると暴れる。下におろすと、どこかにフラフラ行ってしまう。難儀《なんぎ》である。

そのうち、他の親子も待合所に集まってきた。年齢もまちまちなのだが、どうも親子で風邪をひいている組み合わせがとても多い。咳があまりひどいと別室に連れて行かれるようだが、さほどでもない子はそのへんでケホンケホンしている。

新型インフルエンザかどうかはさだかではないが、感染力の強い風邪をひいていることは確かだろう。弱ったな、これはうつされるかもなあ、と思う。

しかし、同時にこうも考える。どっちみち、いつかうつされるような風邪なら、季節がまだ暖かい今時分にかかっておいたほうが、こちらにもコドモにも、体力的な余裕があるかもしれないし……。
そんなことをいろいろ考え、神経質に席を移ったりすることもせず、座って診察を待つことにした。うちのコドモは退屈が頂点に達し、大声を張り上げ始めていたが、切り札、持参した「チクチク」（シリコン製とゴム製のおしゃぶり二個）を取り出して口に突っ込む。コドモは待ち合いの長椅子で仰向《あおむ》けになって、おとなしくチクチクとやり始めたので、これで十五分は持つだろうと皮算用する。

結局、ウロウロしたり水を飲ませたりチクチクさせたりで、なんとか診察までの時間を乗り切った。診察は九時に始まって、僕らの順番は四十分よりも少し前。受付機の列に並んだ甲斐《かい》もあって、そこそこ早い順番で回ってきたといえるだろう。

今回の小児科の医師は、僕とほぼ同年代の男性医師だった。コドモ好きそうな雰囲気で、好感が持てた。その医師に、一歳六ヵ月健診のときのやりとりや、子育ては男親の僕が担当していること、目下困っている夜泣きのことなどを伝えた。夜泣きはこの夏、少しスケールアップし、真夜中に突然フラフラと起き上がって徘徊《はいかい》し、玄関のあたりで転んで泣くというものになっていた。もちろん、ただ泣くだけの夜もあるし、週に一、二度は放っておいても収まる「寝言」程度の軽い日もある。

＊睡眠薬
何が処方されるのか興味はあったが、飲ませることは躊躇された。だって、まだ脳が発達途上だもんなあ。一般的に、親が睡眠薬を飲ませる決断に踏み切る場合、「親の仕事に支障が出ている」というあたりがボーダーラインになっているようです。

医師は心音や皮膚の調子、口の粘膜の様子を確認したあと、こう言った。

「夜泣きはよくある現象なのですが、原因を特定することは難しいです。本人が翌朝グッタリしていたり、あるいは近所からの苦情があったり、家族のお仕事に差し支えるようなことがある場合は、対症療法的に睡眠薬*を処方することはできますが、どうしますか？」

（す、すいみんやく？）

僕自身、数年前までは抗うつ薬を飲んでいたし、治療の最初の頃には睡眠導入剤を飲んでいたこともあった。薬は上手に使えば、とても役に立つツールなのだ。だけど、コドモの夜泣きに睡眠薬を使うことは、ちょっと大袈裟《おおげさ》に思えた。

僕は、薬を使うことまではしたくないと答えた。コドモの発達にそれが必要だというのなら仕方ないが、でもできれば薬を使わないにこしたことはない。

医師は「わかりました」と言いながら、カルテになにやら書き込んでいた。それからおむもろに、こう言った。

「今の状況では、もちろん発達障害*であるとか、知的障害であるとか、そういったサインと捉えることはできないのですが、のちのち障害が確認されたとき、夜泣きとか睡眠に関する問題は、あれがサインだったなと振り返って見ることができるようなものなので、

＊発達障害
おそらく先天的な脳機能の障害で、「乳幼児分析的発達検査表」にもある運動、認知、言語、社会性などの発達が止まってしまったり、著しく遅れてしまったりすること。自閉症や学習障害（LD）、アスペルガー症候群、注意欠陥多動性障害（ADHD）などの種類がある。以前はおそらく「変わった子」として親の「育て方が悪い」とされてしまっていたものもあると思われる。昨今、小学校に入学したコドモの約一割が授業中に立ち歩いてしまい、「学級崩壊」を来すことが問題らしい。そこで、早いうちに疑い例のコドモを見つけだし、各自にあった支援や教育を施して「学級崩壊」を未然に防ごうという意図があって、前出の「一歳六ヵ月検診」でもマークが厳しかったのではないかと僕は睨んでいるのだが。

注意して経過を見守りましょう。それとやはり、気になるところは、コドモさんの体格が小さい＊ことです。そしてさらに、遅れ始めているようにも思えるところです。しばらく平均の下限だったのが、もう平均からこぼれてしまっています」

僕は（そうか〜、やっぱり小さいのか）と、ちょっと愕然《がくぜん》とした。毎日一緒に暮らしていると、少しずつ大きくなっているように思うが、いつのまにか同じ月齢のコドモと比べて小さい部類になってしまっていたらしい。

「それと、歩くことや運動能力はフツウですが、コトバの面では大きく遅れています。もちろんコドモのコトバの獲得には個人差が大きいのですが、呼びかけられてもわからない、呼びかけようともしないといったあたりは注意すべきところです」

それから医師は、聴覚の問題が感じられるかと僕に確認したので、僕は鼻歌で旋律を模倣したりすることを説明した。しかし、どうやらそれも、要注意な部分であるらしかった。

「音をそっくりそのまま反復するというのも、自閉症や発達障害の特徴なのです。もちろん、今の段階では、注意しておくにこしたことはない、という程度のことですけど」

そして、医師は「注意深く経過を観察する必要がある」ということで、「発達外来」への再診の予約を入れてくれた。次の診察は三ヵ月後ということである。もうほとんど二歳が目前に迫る時期にもあたる。宿題のように「乳幼児分析的発達検査表」なるものを渡さ

＊体格が小さい
体格は個人差があるものと思われるものの、うちのコドモの場合、一歳前に体重八キロに到達したのち、ほとんど増えなくなってしまった。身長もあまり伸びなくなってしまった。なので、痩せすぎではないが「小さい」のである。

れた。これに一ヵ月ごとに、現在どのレヴェルまでを達成しているか色鉛筆などで書き込んでいくのだそうだ。

悲しいことに、この表を見る限り、うちのコドモは「社会性」と「言語」の項目では「〇歳九ヵ月」のあたりで止まってしまっている。

早起きして病院に出向いたせいで、コドモは帰ってくる途中、僕の腕の中でグッタリと寝てしまった。考え出すと、あれもこれも「怪しく」見えてくる。ベビーカーに乗せることをとても嫌がること、人見知りは全然しないのだが、味覚に関してはとても保守的で、あたかも人見知りのように特定の味のものしか口にしないこと。

僕の母にたびたび、コドモの発達のことについて相談していたのだが、「男の子はコトバが遅いこともあるのよ」と諭してくれた。大丈夫、会うたび会うたびちゃんと育って見えるわよ、と言ってくれた。

しかし、「あなたは一歳のときもう、いっぱい喋っていたわね」と不吉なことも言うのであった。相棒もコトバを話すのは早かったので、両親ともコトバは早いほうだったということになるだろうか。

ちなみに、前出の「乳幼児分析的発達検査表」によると、一歳時の段階としては「二語言える」と書いてある。一歳六ヵ月では「絵本を見て三つのものの名前を言う」、一歳九ヵ月では「二語文を話す（「わんわん来た」など）」と書いてあるのである。

しかるに、今のうちのコドモの段階は、「喃語でさかんにおしゃべりをする」という、〇歳九ヵ月のところからちっとも進んでいない。

親子してグッタリさせられた「精密検査」はなんとか終了した。

とりあえず、一歳六ヵ月健診のときに脅かされた「CTスキャン」や「心電図」が出てこなかっただけでもよかったのだろうか。発達外来への再診のことも含め、どうも心配が残る結果になってしまったが、親としてはいかんともしがたい。

取材から戻ってきた相棒にも報告したが、「まあ、多少足りないくらいでちょうどいいんじゃない」とすこぶる楽観的ではあった。僕自身もコドモを育てていて「多少遅い」「小さい」「偏食がひどい」という点は認めるものの、質的に発達の問題があるとは思えないのが救いではある。

コドモを大人にするというのも、なかなか一筋縄ではいかないものだ。

もし幼稚園に行くことになったら
ツレはこんな「デコ弁」を作ろうと思ってたらしい・・・。
イヤがらせ？
ゴハンの上にケチャップで文字
アンパンマン
ポケモン
イグ
「デコ弁」
デコレーション弁当の略だそうだ

発達が遅いうちの一歳七ヵ月児のことであるが、精密検査のときに渡された「乳幼児分析的発達検査表」を片手に観察していると、一ヵ月でそれぞれ1ステップ上がれそうな気がしてきた。遅いなりにもちゃんと発達しているのだ。

夜泣きのほうも、僕がひどい頭痛になってしまったのを機に、家の中であちこちと布団を敷く場所を変えてみたところ、少し改善したようである。どうも大人もコドモも、わざわざ寝苦しい場所を選んで寝ていた可能性もあるようだ。

しかし、ひどい偏食だけは改善のすべがない。

相棒は「自分も同じだった」で片付けようとするのだが、「主食」と「お菓子」しか食べない食生活では、成長が偏ってしまうだろう。ニンゲンは口に入れるものだけでできている（のだと思う）。健全な成長は、健全な食生活が支えているといっても過言ではないのだ！

というわけで、またしても一歳六ヵ月健診のときの話に戻るが、相談した保育士*さん

＊保育士
前出の「保健師」さんとは違い、以前に「保母」「保父」と呼ばれていた職業。女性が圧倒的に多いが、男性もごくたまに見かける。なぜ一歳六ヵ月健診の現場にこの人たちがいたのかというと、対象のコドモではなく、そのキョウダイを一時託児するために派遣されていたようだ。指揮系統が保健師さんたちと違うところにあるせいか、割とリラックスした感じで相談や指導をしていた。ときどき、保健師さんと保育士さんは、言っていることが百八十度違っていたりもした（笑）。

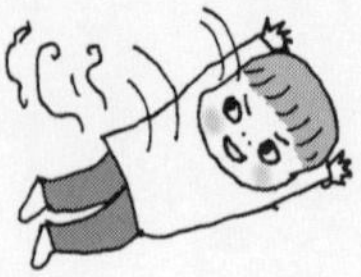

が偏食についてこう語っていたことを思い出した。

「保育園*に行かせれば、他のコドモたちを見て、真似をして食べるようになりますよ」

そうか。ニンゲンは社会的な動物なので、自分と同じような存在の真似をするのだ。親がいくら言い聞かせても、目の前で美味しく食べて見せても、あるいは食べることを強要させようとしても、頑《かたく》なに拒んでいる「オカズ」。他のコドモが食べているのを見れば「オカズ」を食べるようになってくれるというのか。

でも、そのためには保育園という場所に行かせなければならないらしい。

保育園というものは、両親が共働きで「保育に欠ける」状況でなければ通わせることができないと聞いた。しかも、入園希望者が定員よりも多いために、「待機児童」が多勢いるとも報道されている。

保育園、それは僕たちにとっては、高嶺の花ではないのだろうか？

我が家は、僕が主夫業をしているのでいつも家にいるし、なんというか、登録をして入園を待機するほどに、熱意を持って行動するまでもないような気がする。

＊保育園
　今の日本では、厚生労働省管轄の「保育園（所）」と、文部科学省管轄の「幼稚園」が並立して存在し、雰囲気もルールも異なっていてややこしい（さらにはこの混乱を収めるべく「認定こども園」なるものも存在するらしいが、これまた独自の立場を育てつつあるようで、利用する側としては「混乱に拍車がかかっている」としか思えない）。保育園を利用する場合、児童福祉法によって「保育に欠ける」と判断される必要がある。「保育に欠ける」とは、「保護者が家の外で労働に従事している」「保護者が家の内で労働に従事している」「保護者が病気やケガ、または産前産後」「同居親族の介護」「災害の復旧時」などの場合。うちでは僕ら二人を労働者として会社組織を起業しているので、建前上は保育園を利用することができる。だけど、この一歳六ヵ月の時点では、実質的には僕が専業主夫のようなものだった。

「保育園か、保育園はちょっと考えていないんだよな……」

一歳六ヵ月健診のとき僕はそう思ったのだった。

それでは、保育園にずっと行かせないとするとどうなるのか？

たぶん、日本のどこでも同じような事情だと思うが、三歳を過ぎて四月が来ると、公立の幼稚園に入ることになるらしい。もちろん、そのために前年の十一月くらいに市役所に「入園の希望」を提出し、面接をしたり審査をされたりして入園が許可されるのだ。つまり、三歳になれば「幼稚園」に通うことができるようになるのだ。

僕も、はじめはうちのコドモを幼稚園に通わせるつもりでいた。

うちのコドモは一月生まれなので、三歳と三ヵ月のときから幼稚園に通うことになる。つまり、僕が家で一日中育児をするのは三歳二ヵ月までということになる。一歳七ヵ月の今が、時間的には半分過ぎたところなのだ。

「あと同じだけ辛抱したら、幼稚園に通わせられる。マラソンに喩えれば中間地点を過ぎたところだ」

と考えていたわけである。憧れの幼稚園。一歳を過ぎてから、どんどん大きくなってきて一日中動き回っているコドモ（成長が遅いとは言うものの……）を見張っているのにも疲れてきているのだ。

しかし、育児の現場にいて、幼稚園について聞いたり話をしたりしているうちに、「なんか幼稚園、それはちょっと違うかも」と思うところが大きくなってきていた。幼稚園に通わせていると、お弁当や衣服、雑巾《ぞうきん》やなにやら袋に至るまで、ホームメイドで作製して持たせなければならないらしい。いやそれも、主夫であるところの僕が尽力して持たせてやろう（と当初は考えていた）。行事がいろいろあって、しょっちゅう親が関わらなければならないらしい。ちょっと面倒臭い。

そして、集団行動がとても重視されるとも聞く。個性的な行動をしているとすぐに「来なくていい」と放逐されてしまうらしい（コドモの発達はさまざまなので、たまにそういうこともあるのだろう）。そうすると、きっと、「母親はいるけど父親が育児をしている」と説明するのは苦労するんだろうな、などと思ったりもする。

そういえば、今年の四月頃、午前中に公園に行くと、幼稚園に通い始めた頃のコドモの母親たちが集団でたむろしていた。この時期は「慣らし登園」の時期らしく、九時に送り届けて十一時過ぎには迎えに行かなくてはならないので、その二時間の間ずっと公園でオシャベリをしているのだ。

僕は自分のコドモを遊ばせながら、なんとなく母親の集団の様子も気にしていた。これまでずっと育児をしてきた母親たちだから、コドモがいないと手持ち無沙汰で、小さなコドモが遊んでいるとやっぱりジロジロと見ているようなのである。もちろん、小さな赤ちゃんを抱いた母親もいらっしゃる。幼稚園に通い始めたコドモの弟妹にあたる赤ちゃんなのだろう。人数以上に圧迫感があるのは、幼稚園からコドモを連れて帰るための空《から》のベビーカーが周囲にそのまま置かれていることもある。

それで会話している内容は、育児用品のこととか習い事のこととか、それぞれの亭主のこととか、家のローンのこととかなのである。皆さん僕よりも十歳以上お若いと思われるのだが、なんだかすごく貫禄があるのだった。

そのとき僕は「幼稚園、ダメかも」とちょっと思ったのだった。

いや、でも親の僕が通うわけじゃないし、主役はあくまでもうちのコドモなのだ。そんなことでメゲているようじゃ、この先何年も人の親などやっていられないぞ、と僕は自分を奮い立たせ、公園から逃げたい気持ちを抑えてひたすらコドモと遊んでいたのであった。

四月以降は「慣らし登園」の時期も終わったらしく、母親たちの姿を見ることもなくなっていたが、最近また新型インフルエンザの流行で幼稚園が閉鎖になってしまったみたい

＊帰国子女トラウマ
僕がコドモの頃には、まだ「帰国子女」というコトバすら存在しないくらい、その数は少なかった。なので、日本の学校ではその存在をいかに扱うかは、現場の教師の裁量に任せられていたのだと思う。でも、日本でしか育っていなくて、日本人しか知らない教師に、外国から帰ってきて価値観も考え方も違うし、日本人として基本的なことすら知らないコドモの扱いは無理だと思うよね。というわけで、学校ぐるみで異端者扱いされていた僕は「ドロンパ」「イヤミ」など漫画のキャラクターの名前で呼ばれたり、「怪獣ガイジンゴン」などと言われて、ウルトラマン役の男の子に蹴られたりしていたのだった。

＊フランスの幼稚園

だ。そうすると、幼稚園に行っているはずのコドモを加えた大集団がまたしても公園に出没する。コドモたちはなかなか横柄で態度が大きい。いや、元気ですこやかに育っているいいコドモたちなんだろう。だけど仲間の一人を「ガイジンガイジン」とからかっている様子を見るにつけ、帰国子女トラウマ*のある僕はやっぱり「幼稚園ダメかも」と思ってしまったのであった。

幼稚園に行かせない方法はあるか。選択肢は二つである。

小学校に上がるまで、親が育児に専念するというのが一つ。周囲にはそうして育てられた大人が多い。僕はフランスの幼稚園*（のようなもの）に通ったが、相棒は幼稚園に登園拒否したらしいし、他にも就学までどこにも通わなかった知人がけっこういる。

もう一つは保育園に通わせた場合だ。

なぜか一度保育園に入れてしまうと、就学まで保育園コースに乗ってしまい、幼稚園に入ることがないのがほとんどだ。一歳二歳を保育園で過ごし、三歳になってから幼稚園に通ったというケースは聞いたことがない。

保育園は幼稚園と比べると、通わせるための金額が高かったりすることもあるが、基本的には「お任せ」の環境だ。親はコドモを連れて行くだけで、基本的には他の手間はない。

エコール・マテネルと呼ばれる。直訳すると「保育学校」か。日本の幼稚園との違いは、僕の記憶では「行列や集団行動をさせない」「自由・平等・博愛の精神について教える」「自由に遊んで学習するプログラムが優れている」「幼児でも哲学や演説が教科に加えられている」といったところでしょうか。だから日本に帰ってきた僕がつまずいたのは、「行列や号令による集団行動ができない」「自由・平等・博愛の観点から物事をとらえる習慣が日本にはない」「丸暗記を強いられる」「自分の考えを理屈立てて主張すると協調性がないと叱られる」といった感じでした。でも、フランスの幼稚園も実はいいことばかりではなくて、中川李枝子さんが書いた『いやいやえん』という児童文学があるのですが、その中に出てくる「いやいやえん」にソックリなところもあった。つまり、自由に何でもやらせてくれるのだが、起こった結果にシビアに責任も取らされるというところです。

大きな行事には呼ばれることもあるが、もちろん参加しなくても何のオトガメもない。逆に言えば、保育園での日々に親が介入する余地もない。お弁当もいらない。信頼してお任せして、きちんと時間に迎えに行くだけである（熱を出したときだけ例外が発生するので、ここが働く親たちの泣き所になるらしいのだが）。

「育児のように、こんなタイヘンなことを人任せにしてしまっていいものなのだろうか？」

と、僕にとってはそれが一番大きな引っ掛かりどころだったのだが、人任せにしないで育てようとして、ちゃんと育てられていないような気もする。

それは、なんといっても、コドモは一人で育つものではないからなんだろう。他のコドモを見て、他のコドモとぶつかって、他のコドモとコミュニケートして育つものらしい。僕にはそんな環境を与えてやることが、どうも難しい。公園や「つどいの広場」に連れていっても、親である僕が浮いてしまっているし、そうこうしているうちに出かけることすら億劫《おっくう》になっているような有様だ。

「保育園、考えてみてもいいんじゃない？」

と相棒に切り出されたのは、取材や経理の仕事のための時間のやりくりがつかなくなって、ちょっとストレスが溜まってきているときだった。

そうはいっても「家事」「育児」を看板にして仕事をしている僕としては、いくら自分の会社とはいえ、自分に「保育に欠ける」証明を発行することは少なからず抵抗があったのだ。

でも、もし就労証明書を発行したとして、保育園に入れるものなのだろうか？

近所の保育園に足を運んで尋ねてみると、「入園についての手続きは全て市役所でやっているので、そちらに訊いてください」とのことだった。

市役所に行ってみると、「十一月に来年度の募集がありますが、今年の待機児童はまだ百人以上います。応募したからといって入れるとは思わないでください」と言われてしまう。

しかし、子育て支援のパンフレット作成にも関わっている相棒の尽力により、正規の募集とは別のアンフォーマルな枠についての情報を得て、市内の保育園で欠員があるところを探り当てるのに成功したのであった。

聞けば、ママ友ネットワークではそうした情報が飛び交っているらしいのだが、ママ友から浮いてしまっていると、なかなか必要な情報にもあり付けないのだった。相棒に感謝したいと思った。

ということで、うちのコドモは木曜日の午後に四時間だけ保育園に通うことになったのだった。

午後に四時間。一時過ぎに登園して、五時前にお迎えである。我が家からの距離のことも考えると、僕が仕事に割り当てられる時間は三時間を切るくらいなのだ。

しかも期待していた給食もない。オヤツの時間はあるんだけど。

「でも、まあ、慣らし的にはいいのかな」

と僕は思った。週に一度くらいなら、四時間くらいなら……。かえってタイヘンな気もしないこともないけど、他人様《ひとさま》にお預けすることができるというのは気分的に楽なものだ。

そして、保育園コースに入ることで、もう幼稚園は考えなくてもいい。

そのことだけでも、なんか一つ肩の荷を下ろした気がするのだった。

たしか半年くらい前は「ま行」が言えたと思うのに
まんまー
えんまー
今はなぜか言えない
これは「うま」
うーあ
「ママ」って言える？
……

コドモは一歳八ヵ月になった。

週に一日、四時間*だけ預かってもらっている保育園だが、本人的には苦痛な時間らしい。初回こそ「何が起きているかわからない」というそぶりを見せたものの、二回目からは保育園に到着すると大泣きし、僕がその場を去ろうとすると涙の粒を振りまいている。

迎えに行ったときも泣いている。

もっともこれは、ずっと泣き続けていたというわけではないようだ。他のコドモの親が迎えにきたのをきっかけに泣き出しているらしい。

三回目には、保育園に到着すると、いきなり逃げ出そうとした。

逃げてどうしようというのだろうか。僕にしがみつくことは理解できるが、僕からも逃げようというのは……逃げて、自宅まで歩いて帰ろうと思ったのか？

コドモの煩悶《はんもん》する顔を見ていると、相反する感情が僕の中に去来する。

ひとつは、こんなに小さなコドモに、嫌がることを押し付けたくないなあというものだ。

どうせそのうち、次から次へと嫌なことは押し寄せてくる。今だけでも甘やかしてやりたい。甘やかしたことで、成長が遅れるとしても、べつにいいではないか。

保育園に四時間だけ預けても、親たる僕にとりたてて大きな利便はない。午後一時を過

*週に一日、四時間
木曜日の午後一時過ぎに送り届けるのだが、到着すると他のコドモたちはお昼寝タイムだ。泣いて嫌がっていたのは、そういう暗い部屋で楽しい雰囲気もないところに連れていっていたからかも。それで他のコドモたちよりも遅れて昼寝に入り、迎えに行ったときには寝足りなくてぐずっていたのが真相かもしれない。

ぎてから預けに行って、五時前には迎えに行く。徒歩で約二十分の距離であり、さらに保育園でのやりとりの時間が二十分ずつかかる。僕にもたらされる「お仕事時間」は、午後二時から午後四時までの二時間だけだ。

……と、泣き声を聞くたび、後ろ向きな気持ちを持ってしまう。

（かわいそうかわいそう、あんなに泣いてかわいそう）と思ってしまうのだ。

しかし、その気持ちを振り切って僕は保育園を後にする。やはり、もうひとつの気持ちも大きいから。それはコドモの成長を願う気持ちだ。

加えて言うと、保護者である自分の無力さと、それを補ってくれる社会への信頼の自覚というものもある。コドモは嫌がって泣くが、保育園の保育士さんは凄いのである。どんなコドモにもきちんと対応できるんである。はっきり言って、こんなオヤジよりも頼りになるのだ。今は親から離れるのが嫌なことかもしれないが、本当に嫌なことはこんな程度ではないのだ人生は！

……と、これは父親っぽい、甘えを断ち切る気持ちだろうか？

僕と相棒は、それぞれ親として高齢だという自覚もある。コドモの成長が遅かろうが、社会化に失敗*しようが、一生面倒を見てやるだけの寿命の残りはない。

*社会化に失敗
最近はこういうケースが増えたように思われるが、本当は社会が若者を拾い上げるのに失敗しているのだと思う。だからといって「社会が悪い」としてみたところで、社会はかくべつ痛みを覚えるわけではなく、排除された若者のほうがキツい。そしてそういうダメな社会でも、僕たちは信頼してコドモを託していかなければならない。おそらくは社会をより良く変えようと画策しながら。

僕らだけの問題ではなく、たぶん、コドモを育てるということは、コドモを社会に託していかなければならないということである。親にできることは、本当に限られている。

もっとも、そんな親の苦悩をよそに、コドモはひたすら保育園を嫌がるのである。保育園が嫌なばかりに「つどいの広場」に行っても泣くようになってしまった。僕が部屋に上がりこんで一緒に遊ぶと、泣くのをやめて、半信半疑ながら遊び始めるが、立ち上がると泣きながら足に抱きついてきたりもする。

でも、保育園の好き嫌いは別にして、通うようになったことのご利益であろうか。この一ヵ月、コドモの成長が著しい。

まず、なんといっても「ベビーカーに乗れるようになった」というのは大きい。

あれほど嫌がっていたベビーカーだったが、ベビーカーに僕の荷物を積んで、コドモに押させることにすると、これを嬉しそうに押して歩く。歩かせて歩かせて、もう歩くのが嫌になった頃に、僕の荷物をおろしてコドモをベビーカーにくくりつけると、すんなりと受け入れたのだ。

それを二度三度と繰り返すうち、マンションの玄関まで歩かせてやれば、道路に出てからはベビーカーに乗ってくれるようになった。ベビーカーに乗ってくれると、親としては本当に楽である。肩車や抱っこで出かけていたときよりも、荷物を運ぶのが楽だ。

そして、ぶっちぎりに遅れていたコトバの面でも、大きな進歩があった。どうやら「物には名前がある」ということを認識したのだ。「この発音が、この特定のものを指し示す」という対応関係を理解したといってもいい。

保育園に通い始めた次の週くらいである。夜寝ていて、あいかわらず少しうなされていて、僕がコドモを抱えたときのことだ。彼は目を覚まして、ふと何かに気づいたように口にしたのだ。

「パ・パ」と。

「あー、パパ、いるから。ここにいるから」

と答えて、僕のほうがコドモの中に起きた変化に特に注意を払わなかった。

早朝にはいつも通り起き出して、相棒の仕事場に行き、掃除と爬虫類どものケアをして、朝食の時間に戻ってきた。

そのときに相棒が言ったのだ。

「あいつ、目を覚まして、パパ、パパって言ってたよ」

「ふーん？」

やっぱり、よくわかっていなかった僕なのである。

しかし、その後、コドモは何度も僕を見て「パ・パ」と言うようになった。語りかけてきているといってもよい。また魔の木曜日がやってきて、保育園に連れて行く。

「パパーッ！」

泣き声に呼びかけが混じるようになった。そのとき僕は初めて、コドモが一段階進歩したことに気づいたのである。そうか、おまえ、わかったか。パパと呼べば、パパは気づく。心も動かされる。パパと呼んでくれたのだ。そうだ。パパは嬉しい。

……しかし、それとこれとは別だ〜*。

「バイバーイ」

と僕はやっぱりコドモの思いを振り切って、僅か二時間の仕事時間の確保のために、保育園を飛び出して戻ってくるのであった。

ひとたび、パパという発音と、パパの存在が結びついたことで、コドモの頭の中には大きな変化があったようだ。次に「ちーと」という自分への呼びかけを理解した。

そして写真の入ったアルバムを見せると、僕の写真を指さして「パパ」と言い、自分の

*それとこれとは別だ〜

こういう二律背反なことをしなければならないときに「あー大人って嫌だな」と思う。どうして別なのか、うまく説明できない。いや、もう保育料（半日千百円）を払ってしまったから？ 家に戻ってしなければならない仕事があるから？ コドモは保育園にいるほうが成長できるから？……僕は本当にそんなことを真剣に考えているんだろうか？

写真を指さして「ちーと」と言うのだ。

もっとも、「ママ」という発音は、あいかわらずできない。それで相棒は自分のことを「ハハ」と教え、コドモはこれに「アッアー」と返すようになった。「パパ」「ちーと」「アッアー」をマスターし、それからペットのグリーンイグアナの「イグちゃん」に対しても「チークチャ」と発音するようになった。

さらには、バスを指さして「うんばー」と言い、犬を見かけては「アウアウ」と言うようになった。固有名詞から一般の名詞にまで範囲が広がってきたわけだ。

すごいぞ。これで「乳幼児分析的発達検査表」の言語の項目も、一歳三ヵ月のところまで一気にクリアだ。……まだ半年遅れではあるんだが。

偏食のほうは、まだ直らない。保育園のオヤツ*もまだ一度も食べていないらしい。

でも、そちらのほうは今後の課題ということで。

＊保育園のオヤツ
この園のオヤツは手作りで美味しそうでした。「ドーナツ」「ジャムサンド」「きなこおにぎり」「蒸しパン」などに牛乳が添えられています。

私の描くイグちゃんはカワイイところを強調してます
本当はこんなかんじ
Iguana Iguana
(学名)

あいかわらず、週一回の保育園に行くと、大泣きの抗議をするコドモである。「パパー、パパー」と呼びながら泣くようになった。つまり、以前と比べればコトバの点でも、ちょっと進歩しているのだろうか。

「すぐ迎えにくるよ。バイバーイ」と言いながら、そそくさと去ってくる僕である。実はコドモの涙と、必死の呼びかけに、もらい泣きしそうなんである。でも、よく考えると永《えい》劫《ごう》の別れというわけでもないし、こちらもぜんぜん断腸の思いなどではないんだけどね。

そうは言っても、腹の底からの呼びかけというヤツは響く。さらに進歩して「パパー、置いてかないで」なんて言われたらどうすりゃいいんだろう。

あ、でもきっと、それくらい喋れるようになるまでには、保育園にも慣れて、友だちと遊んでいるほうが楽しくなるのかもしれない。要らぬ心配だ。

ところで、少しずつ進歩のあるコドモなのだが、今回は「まんが」がわかるようになったという話をしたい。といっても「まんががわかる」などと書くと、ストーリーがわかるようなニュアンスになってしまうかもしれないが、そんな高度な話ではない。

コドモ向けの絵本を見ていただくとおわかりかと思うが、絵本は意外と「線画」が少ないのである。輪郭を描かずに、色の面を組み合わせて描かれた絵のものが多い。もちろん、ダイナミックな輪郭を描いて、中を塗りつぶしているものもあるが。

それで、うちのコドモも、そんな絵本が大好きだ。『リサとガスパール』や『ペネロペ』*なんぞを、パラパラとめくっている。だけど、色を見ているのだと思っていた。

赤いダルマさん*とか、青いペネロペとか、白と黒のリサとガスパールとか。

それが、いつのまにか線で描かれた絵も理解できるようになっていたんだなあと気がつく。

きっかけは、うちの相棒がサラサラと、ダンボール箱に描きなぐった落書きである。

うちの相棒はいわゆる「まんが家」で、一番多い仕事は白黒の線だけで描いた「まんが」によるものだ。なぜか「漫画家」ではなく「まんが家」と名乗っているのだが、きっとキッチリと描き込んだコミックの世界から、一線を画しているという主張なんだろう。

その相棒の「まんが」をコドモが見て「何が描かれているのかがわかる」ようになった、

＊『リサとガスパール』や『ペネロペ』
この二作は、文章（内容）をアン・グットマン、絵をゲオルク・ハレンスレーベンという人が描いた人気絵本です。フランス語で書かれてフランスで出版されたものらしい。グットマンさんは英米系の名前で、ハレンスレーベンさんは独墺系の名前だが、この二人は夫婦だそうだ。でも内容や絵柄はいかにもフランスらしい。『リサとガスパール』のほうが、学校を舞台としているなど少し年長向けなのに対して、『ペネロペ』のほうは女の子と家族、お友だちが家や親族の家を舞台にして登場するなど、ちょっと幼年向けといった感じだ。

＊赤いダルマさん
かがくいひろしさんの『だるまさんと』等「だるまさん」シリーズや、加古里子（かこさとし）さんの『だるまちゃんとてんぐちゃん』等の「だるまちゃん」シリーズ。前者はシャープ

というのはちょっと凄い。

線の輪郭だけを見て、何が描かれているか判断するというのは、けっこう頭を働かせないとできないことではないだろうか。


コドモは、相棒の描いた「イグちゃん」の絵を見て「ちんた」と言った。

そうそう、前回のこの連載では「チークチャ」と表現したのだが、その後「ク」の音が鼻に抜けるようになり、「チャ」が「タ」に変わってしまった。それで「チークチャ」は「ちんた」になってしまった。

もちろん、グリーンイグアナの「イグちゃん」本人（イグアナ）に向かっても「ちんた」と呼びかけている。一六〇センチもある巨大な恐竜みたいな大トカゲだ。うちに来て十年目にして「珍太」に改名させられそうな危機であるが、本人（イグアナ）は特に気にする様子もない……。

それで、相棒の描いた「イグちゃん」は、これはぜんぜん、巨大トカゲの「ちんた」と

な感じで、後者は温かみのある感じだな。

は別物である。ずいぶん可愛く描いてある。「まんが」だから、まあ当然とも言えるが。

相棒の「イグちゃん」は、あのスヌーピーが犬そのものに似ていないのと同じくらい、グリーンイグアナそのものからは遠ざかっている。さらにダンボールの箱に描きなぐった、落書きだ。これは本に載せるために描いたものよりも、さらにアバウトな感じだ。つまり、それは、ぜんぜんグリーンイグアナじゃないのだ。

それが「ちんた」だと？

僕は、それを聞いたとき、ちょっとビックリして、そして感動した。

この線画が、あの動物を指し示すものであると理解したのだ。

一見、ぜんぜん違っているけど、同じものと見なすという、人間の文化の独特なルール（たぶん）。

その後、コドモは、僕のことを描いた「まんが」に対しても「パパ」と理解するようになった。頭がとがっているラッキョウのような絵を指差して「パパ」と言うのだ。

さらに帽子を被った絵を見ても「パパ」と言う。メガネがあって、ヒゲがあって、肥っている男の人の絵。よく似ていると言う人もいるが、紙に描かれた二次元の絵だ。写真と並べてみても、ぜんぜん違う。でもコドモにはそれがパパなんだと「わかる」のだ。

「すごいや、まんががわかるようになったんだ」

と、相棒は赤塚不二夫さんの「もーれつア太郎*」や、藤子不二雄さんの「オバケのQ太郎*」などという名作をコドモに見せていたが、それについてはあまりよくわからなかったようだ……。

そして、相棒のまんがに関しても、僕とイグちゃんの絵については反応するものの、相棒自身を描いた絵と、コドモ自身を描いた絵に関しては、何を描いてあるのか今のところよくわかっていないことが判明してきた。コドモ自身を描いた絵を見て「アッアー」と言ったりする。

さすがに、本物とまったく違う髪形の相棒や、自分自身が「まんが」になっているということを理解するところまではレヴェルが上がっていないのだ。

*もーれつア太郎
八百屋の一人息子「ア太郎」が主人公のギャグ漫画。小学館の学習雑誌などに連載された。「ア太郎」と舎弟の「デコッ八」が主な登場人物だったのだが、途中から「ニャロメ」という猫のキャラクターに席巻され、ニャロメやらケムンパス、蛙のベシ、ココロのボスがストーリーを引っ張る動物漫画のようになってしまう。

*オバケのQ太郎
長らく絶版になっていたようだが、小学館から『藤子・F・不二雄大全集』が二〇〇九年夏に刊行され、それを僕が申し込んだので、つぎつぎと我が家に届いたのです。これから「ジャングル黒べえ」も復刊されて届くらしい。楽しみだ。

ところで、少し脱線するが、うちのコドモにとって人間以外の動物は「ワンワン（犬）」と「ナーナ（猫）」、「コキッコー（鶏や鳥）」、それから「ボー（牛や馬）」がいて、爬虫類や両棲類は多くが「ちんた」になってしまうみたいだ。

テレビで「サンショウウオ」や「ヤモリ」が出てくるものを視せていたら、四足で這う様子を見て「ちんた、ちんた」とエキサイトしていた。

ついこの間の一歳六ヵ月健診では「ワンワンとか言いますか？」と質問されて「言いません」と答えていたのだが、二ヵ月ちょっとで「ワンワン」はクリアしたなあと思う今日このごろである。いや、でも、いちばん口にしているのは「ちんた」だ。魚屋さんの魚を見ても「ちんた」と言っていた。

あと「オチャ」という単語も口にするようになった。水がわりにお茶を飲ませていて「はいお茶」と差し出していたからだ。お蕎麦《そば》屋さんで「つけ汁」の写真を見て、それも「オチャ」だと言っている。

ここでふと気がついた。「チャ」が言えて、そういえば「イー」も言える。それじゃどうして「イ・グ・チャン」が言えないのだろう？

真夜中12時
病院の救急外来に
電話する
コドモが40℃の
熱を出してる
んですけど
どうしたら
いいんでしょうか
半日たたないと
インフルエンザか
どうかわかんない
から朝まで
様子見ろって
フー
フー
えー何それ
もう着がえちゃったよ
あっ
↑
すごく
あせって
る

うちのコドモは、今まで一度も風邪をひいたことがなかった。お腹がゆるいことはときどきあるが、病院に助けを求めたのも「爪はがし事件」のとき一回きりだ。

でも、僕がそんなことを言っていると「男の子ってものはすぐ熱も出すし、ケガもするし、一歳を過ぎたら病院通いのオンパレードよ」なんて子育て経験者たちに返されてしまう。本当か？　男の子は弱いのか？　熱を出すのか？　ケガをするのか？　まだそんな目にあっていないから、わからない。

……と、呑気《のんき》に構えていたのだが、ついにグワッと、すごい発熱をやらかした。

それは、この文章を書いている今から二週間前のことである。その日は一日、楽しく遊んで過ごしていたのだが、夜になってお風呂に入れたあと、様子がおかしい。

食べたものを吐いたり、咳をしたりしながら大泣きしている。寝かせようとしても、なかなか寝付けない様子なのだ。頭を触ってみると、確かに熱い。風呂に入れてから二時間くらい経っていて、汗もかかずに体温だけが上がっているのだ。

しかも間が悪いことに、土曜日の夜だ。夜十時に三十九度、十一時に九度五分、夜半に四十度。どんどん体温が上がっていく。

熱が三十度台だったときは、咳をしながら大泣きをしていた。苦しそうで見ていてもつらかったが、熱が四十度に達するとグッタリしてしまった。手足をばたつかせている。ケイレンか？　これがケイレンなのか？

「こ、これは、ウワサの『新型』に違いない」

僕は慌てた。もうすっかり新型（インフルエンザ）に違いないと決め込んでしまっていた。

そう、今二〇〇九年の秋といえば、豚インフルエンザ起源の「新型インフルエンザ」が大流行している。毎週、新規感染者が増え続け、ついに国内で百万人以上が、前の週に新たに感染したとニュースでは聞く。

僕らの住んでいる市内でも小中学校の休校は相次いでいる。そして川を越えた隣にある（東京都）江戸川区ではもっと猛威をふるっているらしい。それなのに、僕は数日前にコドモを連れて江戸川区のホームセンターに行ってしまったのだ。

そのとき、僕とコドモがフードコーナーでウドンを食べていると、隣にコドモを四人連れた女性と、他にも子連れの女性たちのグループがやってきた。

コドモを四人連れた女性は、背中に一歳未満らしい女の子を一人くくりつけ、さらに三歳くらいの幼児の座ったベビーカーを一台押していた。そして、マスクをつけた小学校低学年らしいコドモ（学校は休校か？）が、もう一台二歳くらいの幼児の座ったベビーカーを押している。江戸川区にはこうした子だくさん家庭がけっこうあるのである。

そして、その子だくさん女性は言ったのだ。

「お兄ちゃんが新型だったからさあ、たぶん全員新型だと思うんだけど……。病院混んでいて、いちいち行ってられないから、まあ、ほっとけば治るから」

そういえば、全員咳をしている。小学生は元気そうだが、他の幼児はそれなりにグッタリしている。そして、一番下の、背中にくくりつけられたコドモは、顔を真っ赤にして咳をしながら泣きじゃくっていた。もちろんマスクもしていない。

グループの他の女性たちも、同じような性格なのか、

「騒いでいるけど、ただの風邪だよね。風邪風邪」

と言って笑っていた。しかし、それを聞いていた僕はサッと血の気が引いてしまった。

もしそれが本当なら、このへんにウィルス蔓延《まんえん》じゃないか。

そして、ドカンと立ち上がって、ベビーカーにコドモを乗せ、猛スピードで帰路についたのである。戻ってきて手を洗ったりウガイをしたり、コドモにシャワーを浴びせて服は全部すぐ洗濯をした。でも、ウィルス蔓延だったら後の祭りだなと思っていたのである。

そして、うちのコドモの発熱騒動は、それから四日後のことだった。

「もう、これは『新型』に違いない。油断していた自分を呪《のろ》う」

などと後悔していてもなんの助けにもならぬ。そうしている間もコドモは実につらそうで、「パァパ……」などと呟《つぶや》きながら手を伸ばしてきたり。……どうしよう。救急車を呼ぶか。それともタクシーで病院に連れていくべきか。

混乱している僕をよそに、相棒は「市内の子育て家庭に配布される冊子*」を引っ張りだしてきて、緊急のときの相談窓口というものに片端から電話をかけ出した。しかし、幾つかの電話番号はただテープの音声が流れているだけ。なんの助けにもならぬ。病院の窓口は話し中ばかり。

「厚生労働省の管轄のインフルエンザ対策の窓口があるはず」

と僕はパソコンを立ち上げて、ネットで調べてみたのだが、それもテープを流しているだけのものにたどり着いてしまう。

それでも、電話をかけ続けて、幾つか救急外来のある病院の窓口に電話をつなぐことができたのだった。しかし、どの病院も「今、発熱で来られる方で満杯になっているので、うちに来ても診ることはできません」と断られてしまうのであった。

そして、どこでも、翌日になってから、「休日診療」を行っている市内のとある小児科

*市内の子育て家庭に配布される冊子
浦安市の「こども家庭課」が製作している冊子で、冊子のタイトルは「ひとりじゃないよ」というものです。相棒は挿絵のようなカットと、後半に投稿事例をコマ割してレポートするコーナーを担当しております。また表紙は僕と相棒とコドモの絵になっとります。

に行けと案内をするのだった。

まんじりともせずに一夜が明け、コドモの熱はずっと四十度台のままだった。それでも、明け方に一度、コドモは水を飲んだ。

熱が下がらないので、やはり病院に連れて行こうということになり、あちこちで告げられた「休日診療」を行っている小児病院に電話をし、それからタクシーを呼んでその病院に向かった。僕がコドモを抱え、相棒が着替えや湯冷ましを入れた鞄を持った。

出掛けに、ふと気づいて大人用のマスクを持って出たのだが、これは正解だった。

休日診療を行っている病院に着くと、マスクをした親子連れでぎっしりになっていた。かなり広い病院なのだが、座る椅子などなく、外に人が溢れていた。僕らは「初診」なので、用紙をもらい、いろいろと必要事項を書いた。アレルギーもなく、重い病気もなく、予防接種での副反応もなく、こんにちまで何もない、健康そのものの日々だった書類ができた。しかし、現在の症状は発熱で四十度台で咳も出ていて、少し「ヒキツケ」を起こしていたような気もするし、「新型インフルエンザの患者との接触」にもチェックを入れておく。

院内を見回すと、親に抱きかかえられているコドモがいっぱいいるが、その多くは小学校低学年のようである。ときどき吐いたりする子もいる。泣いている子もいる。なかなか惨憺《さんたん》たる様子である。二歳に満たない子も少しはいる。

そして、小児科医は一人で対応しているようである。テキパキと対処しているようなのだが、後から後からどんどん患者は増えてくる。

窓口で薬を処方してもらっている親子がいる。聞くともなく聞いていると「タミフル*」だの「リレンザ*」だのが処方されている。患者のほとんどがやはり「新型インフルエンザ」なのである。

「うちのコドモもきっと新型だし、でももうかかっているんだから、うつされる心配はないよな」

などと気休めにもならない気休めを言ってみた。薬をもらって飲んで治れば、もう予防接種もしなくて済むし。などとも考えてみた。でも、あたりまえだけど気休めにはならなかったんだけど。まずどうやってコドモの病気を乗り切るかを考えなければならないし、もしコドモが新型ならば、遅かれ早かれ僕も発病するだろう……。

順番はなかなか回ってこなかった。コドモが泣けば、抱いてゆさぶり、とても混雑して

＊タミフル・リレンザ
どちらもインフルエンザ全般に効果があるとされる「抗インフルエンザ薬」の商品名。違いは、タミフルが飲み薬で、リレンザが吸入器で吸うものだ。成分名でいうと、タミフルが「オセルタミビル」、リレンザが「ザナミビル」、どちらもシアル酸という化学合成物の類似化合物。タミフルは全身に作用してウィルスの増殖を抑え、リレンザは呼吸器などから重点的に作用する。タミフルが効かないAソ連型インフルエンザウィルスなるものも存在し、それに感染した場合はリレンザが効果的だとのこと。

いて暑いので、ときどき外に連れ出して外気にあてたりしていた。あとからあとから新しい患者がやってきて、みな苦しそうに咳をしている。そんな中で、うちのコドモはぐったりした声で「チョーチョ・チョーチョ」などと歌い出し、状況とのあまりのミスマッチにこちらが泣きたくなったりもするのだった。

しかし、待つこと数時間、ついに診療の順番が回ってきた。小児科の医師は、とても慣れた手つきで、聴診器で胸と背中を撫《な》でたあと、口元を触って、それから素早くコドモの鼻の中に何かを入れ、スッと引き抜いた。コドモは火がついたように泣き出した。

他の子たちも大泣きしていたが、これだったのか。

鼻の中に検査キットなるものを入れて粘膜の表面を取るらしいが、これが痛いらしい。しかし、医師の手つきは鮮やかだった。でも鮮やかでも痛いものは痛い。コドモはしばらく泣き止《や》まなかった。

十五分後、検査結果が出た。

見せられた器具にはABCという文字が描かれていて、Cのところに指標が出ている。

「A型と出ていないので、新型インフルエンザではないです。ただ、発熱から十二時間過ぎていても、すぐにA型と出てこないこともあるので、数日注意して様子を見てください。発疹が出てくるようだったらトッパツ（突発性発疹）、あるいは尿路感染*という病気の

*尿路感染
トッパツは前出。もう一つ高熱発熱の原因として疑われた尿路感染とは、大腸菌などが尿道や膀胱、腎臓にまで至る「尿路」に感染して高熱を出すというもの。赤ちゃんの場合、オムツの中に下痢様のウンチをして、親がしばらく気づかなかったりすることもあったりするので、腸内細菌に感染しやすい。抗菌剤が治療に用いられます。

可能性もあります。尿の検査キットを渡しますので、発熱が収まらないようだったら尿を持ってかかりつけの医者に行ってください……」

えっ？　ええっ？……新型じゃないの？

新型ではない、と聞かされた僕はちょっと拍子抜けしてしまった。

でもまだ、検査に出なかっただけかもしれないし……。と気を引き締め直してもみたのだが。


家に戻ってくると、コドモの熱は三十八度台に下がっていた。そこまで下がると、もうすっかり元気になり、菓子パンを食べてお茶を飲んだ。もらった解熱剤を使うまでもないようだった。

えーっと、新型インフルエンザじゃなかったとしたら、新型インフルエンザの患者で一杯だったあの病院に半日もいたことのほうが心配だ。

ということで数日間はヤキモキしたのだが、さいわい誰も感染した様子はなかった。コドモの熱は次の日には平熱に下がり、咳も収まり、しばらく鼻水だけ残っていた。

なんだかわからないが、「インフルエンザではないただの風邪」というヤツだったのだろうか。それにしても、初めて出した高熱が、じつになんというか紛らわしいタイミングだったので親としては冷や汗をかいたわけである。

インフルエンザの混乱の際に、さらにご迷惑をかけたのじゃないかと思うと、それも冷や汗の追加なのだ。かけまくった電話も、ただの「取り越し苦労」だったのだし。

「と、とりあえずよかったのである。これから気をつけるのだ」

と、僕は自分をいましめた。


それにしても、コドモ一人を病院に連れていくのが、これほど大変な状況なので、江戸川区の子だくさん女性の「四人全員ひいちゃって、いちいち混んでいる病院に行ってられない」という主張にも一理あるなと思ったのだった。

思ったけど、やっぱり怖いよ。新型インフルエンザ。調子わるくなったコドモたちは、みんな本当につらそうだったし……。

講演会の最後
何か質問はありませんか?
と聞いたら何もなかったので
しーん
じゃ、ボクから質問します
コドモを2人持ってどんな感じですか~?
2人なんてとても考えられなーいい大変そーう
ツレのお悩み相談会のようになってしまった

僕は「人前に出て喋るのがうまい」ということになっているらしい。

これは相棒が『その後のツレがうつになりまして。』という本を上梓《じょうし》したとき、僕の病気が治ったという象徴的な表現として「人前に立ってスラスラと喋っているよ、この人！」という場面を描いたせいだと思う。

その場面が印象的だったので、僕の闘病生活がドラマ化された「ツレがうつになりまして。」というNHKドラマの中でも、僕をモデルにした早川明氏（原田泰造さん演じるところの）が、最後のクライマックスシーンで聴衆を圧倒してしまう講演シーンが挿入されていた。ここでの早川氏は、それまでの生きざまを背負って、聴いている人たちの心の底に響くようなコトバを紡ぎ出す存在だった。

短いシーンだが、本当に素晴らしかった。

いや、それは、でもだからドラマの中の話だ。

それで、ドラマの影響が大きかったのか、僕たち夫婦に講演の依頼がひっきりなしに来るようになってしまった。良いイメージを与えたということではいいんだけど。

しかし、実のところ僕たち夫婦がこれまで受けた講演は二度きりだ。

それも必死の思いでこなした。二度とも「こんな大変なことはできればもうしたくないなあ」という感想を抱《いだ》いた。人前で喋るのは、精神力と体力を必要としたのだ。その頃は毎日走って鍛えていたからまだよかったのだが……。

その日々から二年の月日が経ち、今や乳飲み子まで抱えて、フットワークも悪い。なので、相棒はホームページに「講演の依頼はお断りしています」と書き、依頼が来ても丁重にお断りするようにしていた。

しかし、どこでどうなったのか、住んでいる市内での講演で「託児付き」という条件を出され、しかも内容は「男の子育て*について喋ってくれ」というのが来てしまった。たぶん、この条件でも従来ならばお断りしていただろう。しかし毎日毎日「うつ病について喋ってくれ」という依頼が続いていてウンザリしていたときだったので、僕は受けてしまった。いいでしょう。こんな僕で良ければ喋りましょう、と。

でも、受けてから後悔したんだけど。

それで、「人前で喋るのがうまい」というイメージが先行している僕なのだが、実のところはどうなのかというと「喋るのはそれほどうまくない」んじゃないかと思う。とりあえず「緊張しない」「与えられた時間を埋めるだけ喋ることはできる」「主張やテーマを考え、山場を設定してそこに至る筋道を追うことはできる」という、たぶん講演を

＊男の子育て
　差別的言辞のような気もするが、よく考えると僕の子育てには、他にキャッチフレーズがない。有名人でもないし、変わった子育てをしているわけでもない。お客を集める際にも「珍しい男の子育てです」というのが一番わかりやすい。あまり珍しいと思われない世の中にしたいんだけどね。でも、僕の子育てがもし「男の子育て」として偏った部分があるとすれば、「女の子育て」も実は偏った部分があるんじゃないか。とそんなことを考えてみました。

行うにあたっての「最低条件」のようなものはクリアしていると思うんだが。本で言えばつまらない実用書みたいなレヴェルだよね、これだけじゃ。

それで、子育てについて喋るということになったのだが、考えてみれば子育てについても「まだまだ」なのだ。一歳九ヵ月のコドモを育ててはいるものの「遅れている」と脅されたり、「新型インフルエンザになったかも」とアタフタしたりという、いかにも「子育て新米らしい日々」を過ごしている。

いや、これはダイエット本で言えば「挑戦しつつあります。まだ成功してませんが」という段階なのだ。つまらない実用書どころか、実用の域に達していないじゃないか。

それで、講演依頼を受けてから後悔したわけなのだが、とりあえず受けてしまったものは仕方がない。何を喋ったものかと、戦略を立ててみた。

まず、講演会を行うのは市内の「ファミリー・サポートの会」の会員限定のイベントなのである。ということは、少なくとも子育てに関わっている人たちが聴きにくるということなのだ。

そして新米の親であるところの僕が、講演を行う側の立場になってしまったのは、存在が希少だからという一点に尽きるだろう。専業パパとなって一年半余になるが、どうも父親とは「率先して育児をするのに抵抗がある」し、行おうとすると「誰か（何か）に止められてしまう」ものらしい。その二つをクリアして専業パパ、子育てファースト・パーソンになった存在は「出るべくして出てきた」けど「まだちょっと珍しい」ということになるんだと思う。「物珍しい」のではあるが、「これからはこういう人も増える」という存在なのだ。

よし、わかった。そういう方向性で「僕は今は珍しい子育て専業パパですが、これからは僕のような人ももっと増えるといいなあ」という内容にしよう。

ということで、近年の少子化問題や、育児の困難さ、職業生活と育児の両立の難しさなども含めて、硬軟織り交ぜて喋るのだ。そういうふうに考えてみた。

さて、講演の当日だ。朝から大嵐になってしまった。

あまりひどかったら、タクシーでも呼ばなければならないかと思ったのだが、出かける時刻には雨も止んで、強い風だけが残っていた。なので僕と相棒、コドモの三人で近所のバス停まで歩いていって、バスに乗って出かけた。

会場について、まず託児をお願いした。うちのコドモは例によって大泣きし「パパー、パパー」と叫んでいたが、僕らがきっぱりと背を向けて歩き出したら「バイバイ」と泣きながら怒鳴っていた。笑ってしまいそうだったが、すぐに講演本番が待ち受けている。僕は会場に向かった。

講演の本番だが、時間配分をしながらいろいろと喋った。しかし緊張していたせいか、何をどのように喋ったのかあまり覚えていないのだ。

それでも、ここ数年の自分の変化について実例を交えながら淡々と語っていた。もともとはどちらかというと冷酷な「弱いものは負けて消えろ」的な狭い考え方しか持っていなかった自分。それが、うつ病の闘病を経て変わり、今では家事育児を通して世界の反対側を見ているような生活になったこと。もし前者が、多くの男性が見ている世界であり、後者が女性しか見ることのない世界だったとすれば、両方の世界を見ることができた自分は果報者だと思うということを、まず自己紹介代わりに口にしてみた。

「できれば、多くの男性が子育てに主体的に関わるような世の中になって欲しい。そのことで職場の雰囲気も変わるし、子育てしやすい社会は、コドモから老人まで生活しやすい

社会になると思うのです。僕たちはつい忘れているけど、自分のことを自分で面倒をみることができるのも、一生の中で限られた何十年間かだけなのです……」

などと、大上段な意見も言いながら、会場を見回してみた。五十人くらいの聴衆の中に男性は三、四人といったところだろうか。「ファミリー・サポートの会」には、「おねがい会員」と「まかせて会員」、そして「どっちも会員」というのがいるのだが、見たところ現在育児に振り回されている「おねがい会員」の姿はほとんどないようだった。

まあ、元より男性の同志の姿が少ないのは想像していたが……。女性も僕と同じような立場の人は少なそうだ。そうか、講演を聴くだけの余裕*を持つには、ある程度育児が一段落していなければということなんだろうか。

もちろん、世代的には僕と同級生くらいか、やや上くらいの女性が多いのではあるのだが。そんな女性たちを前に、自分の育児について語っていると、僕はだんだん自分の喋っていることがとても頼りなく思えてくるのだった。

＊講演を聴くだけの余裕
そうなんです。よく少子化対策や子育て支援として「識者を招いて講演する」というのがあるのだが、子育てをしている当事者に情報が行き渡らず、また情報が伝わっても当事者には講演を聴くだけの時間的余裕、精神的余裕がなく、結局のところ子育てを終えた世代の楽しみとして消費されてしまっている現実があります。

僕が現在進行形で困ったり振り回されたりしていることは、彼女たちにとっては、とっくの昔に卒業してしまった悩みだったりもする。また、女性だったら軽くクリアできるような内容でつまずいてしまっていたりもする。

僕が面白おかしい話をすると、会場のほうもそれなりの反応があるのだが、なんというか、育児の大ベテランに向かって稚拙な話をしているわけなのである。妙に居心地が悪くなってきた。

この居心地の悪さは、男女雇用機会均等法*が施行された直後に、総合職として配置されてきた女子社員が味わったものと同じなんだろうかと想像してみた。

「お姉ちゃんたち仕事するんだって？　なんだか頼りないし、たぶんできないように見えるんだけどねえ。話だけはまあ聞いといてやるか……」

というオヤジ上司たちの余裕たっぷりの受け答えにさらされたような。

僕もたぶん「なんだか頼りないし、男に育児ができたためしはないけどねえ。まあ聞いといてやるか……」くらいに思われてしまいそうな頼りなさを示していたんだろう。

だけど、男女雇用機会均等法の施行から二十年以上経ったいま、女性が男性と対等に仕事ができることを疑う人はもういない。法律の後押しはないけれど、男性が育児に主体的に関わることも、そのうちにアタリマエのこととして認められるようになるだろうと思う。

*男女雇用機会均等法
正式名称は「雇用の分野における男女の均等な機会及び待遇の確保等に関する法律」という。一九八六年から施行されているので、僕が大学を卒業した八八年には浸透していたものの、まだ初期段階といった風情だった。昇給、配置、福利厚生、待遇、昇進などにおいて、それまで性別での男女格差が当然とされていたものを、撤廃しましょうという趣旨の内容だった。実際は女性の社員の中で「総合職（男性社員と同じように扱い、仕事はハードだが昇進も可能）」と「一般職（お茶汲みなどを含む補助的要員、結婚による退職が奨励された）」の区別を作ったり、過渡的に混乱していました。

もちろん、その前に、僕の現在進行形の「頼りない育児」が挫折しないで続かなければならないんだけど。そしてごくアタリマエの平凡な大人の人間を一人、育て上げなければならない。

こんなところで講演などしてしまったのだが、プロジェクトはまだ始まったばかりだったのだ。まだ成果を誇れるような状況でもなんでもなかったのだ。

というわけで、講演のほうは、僕自身としてもなんだか中途半端で、頼りない自分を再発見するような結末になってしまった。ただ、最後の数分間、託児のほうが時間切れになり、コドモが会場に入ってきて壇上の僕を見つけ「パパ！」と指差してくれたこと。それから講演が終わったあとの拍手のときに、うちのコドモも笑顔で拍手してくれていたこと。

そんなものを見ることができたので、ちょっと嬉しかったのです。

お母さんから見て
何か気づいたことはありますか?
医
いっ育児はツレにまかせてるので・・・。
パパみたいな発言する私。

気がついたら、歳末になっている。

ということは、この連載も一年以上続けてきたことになる。なかなか遅々として進まず、と思っていたが早いようにも感じる。年が明け、一月の終わりになれば、うちのコドモももう二歳になる。

コドモ大人化プロジェクト、今の日本の法律では二十歳が成人*だ。ということは、この仕事に関して約十パーセントを達成したことになる。

じゅ……じゅうぶんの、いち、かぁ〜。

なんだかまだまだ、先は長いのである。


昨今の情勢といえば、保育園はずっと休みっぱなしである。

どうも「休みます」と電話をかけるたびに、保育士さんの声が嬉しそうなのは気のせいか？　今もまだ「新型インフルエンザ」は猛威をふるっている。だが保育園は休園にしたくても、なかなかできないらしい。実際は園児も保育士さんもかなりの人数が新型インフルエンザに感染したりしているのではないかと思う。

新型インフルエンザといえば、隣の東京都では、未就学児童に対しても先月の十五日か

＊二十歳が成人
日本では二十歳が成人になる年齢とされるが、世界各国では十八歳が成人年齢とされる場合が多い。それを考慮してか、日本でも成人年齢を引き下げようという動きもある。まあ、自動車の普通免許とか、成人向け映画の解禁とか、十八歳からオーケーというものも多いので、それはそれで混乱は起こらないだろう。税・年金の徴収年齢が引き下げられると税収・年金収入にとってもありがたかろう。当然選挙権も与えられるということになるだろうが。僕としてはコドモが成人になるのが二年早まるのであれば、ちょっと嬉しい。二年ってとっても長かったから。

ら予防接種が行われているらしいが、川を越えたこっちではまだまだである。先週、郵送で通知が来た。十二月の後半に集団接種を行う予定があるので、希望日を「郵便はがき」に書いて送れと書いてあった。

届いたはがきで、抽選を行うとのことだ。

僕は以前、郵便局でバイト*をしていたのでよく知っているのだが、十二月に入ると年賀状の仕分けの準備段階で大幅にバイトを増やす。それによって、この時期の普通郵便は少し信頼性が低くなる。

そういうことはいっさい考えずに「郵便はがき」で応募しろと書いてあるように思う。そもそも、川一つ挟んだだけで、一ヵ月も接種の開始が遅れてしまうのはどういうことなのか。そういうことに関しても、何の説明もないので、不安になる。

十二月の後半に予防接種を行うということは、年末年始の休暇の時期に、まだ免疫がついた状態ではないということだ。この時期に人ごみに連れていくこともはばからなければならない。

もちろん、今回のインフルエンザに関しては、重篤性はさほどのものでもないという判断なのだろうが。そうはいっても、新型のインフルエンザは今回が最初で最後ということはなさそうだ。もっと強毒性のインフルエンザが流行した場合でも、やっぱり予防接種は

＊以前、郵便局でバイト
もう十五年も前のことだし、情勢はたぶん異なっているのだろうな。あの頃は郵便番号もまだ七桁化されてなかったし。そもそも民営化のミの字もなかった頃だ。

遅れてしまうんだろうなあ……。

いろいろなことを考えると、このままここに住み続けても良いのか、不安になってしまうのであった。

インフルエンザのワクチン接種の予約はないが、今月は三ヵ月前に入れてあった「発達外来」の予約があったので、コドモと一緒に大学病院に行った。

今回は相棒も一緒だ。

この三ヵ月、コドモのほうはそれなりの成長があった。

耳で聞いた単語を反復する能力が少しずつ出てきたこと。カタコトではあるが、絵本を見て「ちちご」(苺)、「ナァナ」(バナナ)、「いんご」(林檎)などを発音しながら指し示すことができるようになったこと。

遅れは取っているが、三ヵ月ぶんの成長は確実にしているように思う。

そう思いながら、堂々と発達外来の扉を開けたのだが、のっけからパンチをくらってしまった。

看護師さんに測定してもらった体重が、三ヵ月前と比べて、まったく増えてなかったのだ。

まあ、身長は二センチ近く伸びているし。それとこの三ヵ月、偏食はあいかわらずというものの、実はウンチの質が変わってきたのである。前はベタベタで下痢気味なことも多かったのだが、ここのところコロコロで固くて、人間らしいものになったのである。

そういうこともあり、納豆やチーズなど少しずつ食べられるものも増えてきてはいるので、とりたてて心配はしていないのであるが。

「うーん、スレスレだね」

小児科の医師に指摘されるまでもなく、うちのコドモの測定結果は、成長曲線の表の中の「標準」の帯の中から飛び出したところに点がついてしまう。帝王切開で半月早く生まれたことを考慮して、さらに半月加えれば（つまり一ヵ月遅く生まれたと考えてみれば）、ギリギリ標準にひっかかるということになるのだが。

小児科の医師はカルテを見ながら質問をしてくる。

「やっぱり、食べることに関して警戒心のようなものは強いですか？」

「はい。主食はおおむね食べるのですが、オカズは警戒してなかなか食べません」

そうなのだ。空腹になればなるほど、保守的になってきて「今はこれしか食べない」というこだわりが強くなる。その「これ」はクラッカーだったり、ビスケットだったり、菓子類であることが多い。

「たくさん遊ばせて、お腹をすかせれば、なんでも食べるわよ」と育児経験者にしばしば言われたのだが、うちのコドモに関しては、それが当てはまらないようなのである。

意中の「これ」を与えないと、ひたすらパニックのようになって泣き続ける。目の前にいかに美味しそうなゴチソウ（親からすれば）があっても、それについては拒否し続けるのだ。

とはいえ、食べることに関してのトラブルが残っている以外の困難は減ってきている。夜泣きに関しても一時よりずいぶんマシになった。

問題点といえば、あいかわらず人見知りがない*こと。外出したときに、不安をまったく感じないのか、一人でどんどん歩いて行ってしまうこと。「おいで」「ダメだよ」等、親の意図を伝えても、意図を理解していても聞く気がないように見えること（これは単にガンコな性格なのかもしれない）。

医師は「はい、お腹出してね。モシモシするよ〜」とコドモに声をかけていた。

僕はコドモの下着をめくってお腹と背中を露出させる。「モシモシ」とは電話ではなく、聴診器なのである。医師は聴診のあと、コドモの口の粘膜も確かめ、カルテに何かを記していた。

＊人見知りがない
というか、他人に対する警戒心がない。そのぶん食べ物に対して「食べ物見知り」が出ているみたいな感じ。そんな人間も世の中にはいるのだなと思えば、それもアリかもしれないとも思うが、自分のコドモだと思うとやっぱり是正したくなるものです。

「それでは、また次は三ヵ月後に」

ということで、年内の発達外来への通院は終わったのであった。

相棒は小児科医に「引き続き発達障害の可能性に留意して見守っていきましょう」と言われたことで、少々臆しているようだったが、僕はまあ楽観的ではある。

体重はダメだったが、知的発達では、遅れつつも三ヵ月で三ヵ月ぶんちゃんと育ったように思う。このあとも育っていくであろう。

ただ、変わったコであることは確かだと思う。このまま学齢まで育っても、机の前にきちんと座って落ち着いて授業を聞くコにはなれないかもしれない……。

もちろん、それに関しては、僕も相棒も人のことは言えない。

僕も相棒も、日本の小学校に関してどうも馴染めないことが多かった。

主観的に馴染めなかった、というだけでない。もらった通信簿には、いつもいろいろ苦情が書かれていた。たぶん、学校側も苦慮していたんじゃないかと思う。僕の場合は、転校を繰り返しても、だいたい同じようだったから、学校が悪いんじゃない。僕が悪かったのだろう。

大人になっても、僕も相棒もどうも落ち着きがない*。ごくありきたりの社会人として、

＊僕も相棒もどうも落ち着きがない
僕は常識的で能力のある大人だと自負していたが、ストレスから簡単に病気になってしまった。相棒も常識的な社会人としてはどうかなという、忍耐のなさをしばしば露呈する。考えれば考えるほど、自信というものはなくなってくる。

常識ある行動ができているかどうか……心もとない。そんな二人に育てられて、キョウダイはグリーンイグアナの「ちんた」だ。その割には、コドモはマトモに育ってきているほうかもしれないとも思う。

昨年は「誕生」し寝返りをうってハイハイをしたコドモの一年だったが、今年は「立ち」「歩き」はじめでスタートし、偏食を露呈し、なんとかコトバの回路のスイッチを入れることができた一年だった。来年はどうなることだろう。ひきつづきお付き合いください。

15年前の私たち（結婚した頃）
コドモ?!
今の自分たちにそんな余裕ないよっ
ばたばた
じたじた
あーもー
あーもー
10年前の私たち
無職
今月収入ゼロだよ
どーやってくらすの?
ああ!!
地域振興券がほしいよ!!
いつまでたっても余裕なし

年末年始の有暇を利用して、ケーブルテレビで放映していたマイケル・ムーア監督の『シッコ SiCKO』*という映画を観た。

これはアメリカの医療保険を取り巻く現況を告発した映画だ。

「シッコ」というのは、まあいわゆる「イカレポンチ野郎」みたいな吐き捨て語だと思う。こんなにふざけたことになってるよ、というような意味合いだろう。

この映画を観ているとアメリカ合衆国では、日本のような医療の国民皆保険制度がない。だから貧乏な人は保険をかけず、自分で傷口を縫ったり、病気になっても病院に行かずに気合だけで治そうという人がいたり、医療機関にかかって高額の支払いで破産したりする。また、貧乏でない人は保険会社の保険に入って安心を得ているのだが、いざというときに何も払ってもらえない。保険会社も営利目的なので、ひたすら支払いを渋るのだ。

アメリカの問題は、しばしば数年遅れで日本も同じような状況になることが多いが、ちょっとこれはどうだろう、と思うようなことも多いのだった。

今はアメリカも政権が代わって、違う方向に舵取《かじと》りをしているようだ。ムーア監督の「アメリカは他の国のいいところは積極的に取り入れようよ」という主張も活きてきているといいんだけど。

*マイケル・ムーア監督の『シッコ SiCKO』
米国ワインスタイン・カンパニー製作。二〇〇七年六月公開。同年日本でも同年八月に公開。同年のカンヌ国際映画祭では特別招待作品となる。

ところで、昨今の新型インフルエンザワクチンの予防接種を巡る混乱を見ていて、僕は日本もけっこうイカレポンチになってきているなと思ったのだ。そうそう、前回のエッセイで書いた「郵便はがきで応募しろ」と通達が来た集団接種の申込みなのだが、応募して数日後「抽選を行った結果あなた様のご希望に添えませんでしたので、お知らせいたします」と書かれた紙片が届いたのだ。

「ハズレ」ということだそうだ。

ご丁寧に「キャンセル待ち等はいっさいありません*」と書き添えてある。

さいわい、行きつけの病院に電話して「どうしたものでしょう」と相談したところ、「朝から病院の前で並べば、毎日一定数の接種は行っている」とのことだったので、病院の前で並んで接種を受けることができた。しかも、希望した集団接種の日程よりも一週間早く。

個人的には結果オーライだが、なんか煮え切らないものを感じる。

確かに、今回のインフルエンザは騒ぐほどのことではないかもしれない。でも、実際に周囲の幼児でも「待たされている間に感染してしまった」というコドモがいた。そういうことが起こってはいけないのじゃないかと思う。

*キャンセル待ち等はいっさいありません
周囲のママ友の情報によると、ほとんどの人が「ハズレ」だったそうだ。キャンセル待ちに果敢に挑戦したママもいたが、あっさり無視されたとのこと。

希望した集団接種の日程よりも一週間早く予防接種が受けられたおかげで、年末年始にコドモを連れて電車に乗ることができるようになった。それで年末年始、双方の両親（コドモにとっては祖父母）のところに行ったり、ちょっとした買い物に連れていくこともできた。

それでしみじみと思ったのだが、今の世の中本当にコドモが少なくなったなぁと。コドモが少なくなったせいで、コドモに対して構えてしまうというか、自然なものとして受け入れられない人も増えているようにも思う。

極端な言い方をすると、「結婚してコドモを持つなんて勝ち組のゼイタクだ」という敵《てき》愾心《がいしん》を感じるときさえある。コドモを連れて移動するのは大変で、体力的にもヘトヘトになってしまうことも多いのだが、「そんなの好き勝手にやってることだろ」というような冷たい視線を感じるのである。

いや、責めているのではない。それは数年前の僕が思っていたことだ。

数年前の自分がそう感じて、態度に出していたことだから、切実に分かってしまう。そして、その「結婚することやコドモを持つことはゼイタク」という状況にいた自分が、いじけた反動として「社会的強者をいたわることなど必要ない」と考えていたことを思い出す。

高度成長期に大きなパイを焼き上げた日本は、そのまま功労者たちがそのパイを分割してしまって、新しく社会に入って来る人たちを大人扱いしていない。そして収入の面でも、意識の面でも、結婚することやコドモを持つことが難しいようにしてしまう。

出産と育児の場でも、いろいろな理不尽がまかりとおっている。

その最たるものは、「出産に保険が利かない」というものであろうか。これは前出の『SiCKO』のシーンとも重なるんだけど、うちの相棒が出産したときの病院の窓口での支払い*は百万円を超えるものだった。

もちろん、社会保険の出産一時金や、私費でかけていた共済の適用で三分の一近くは払い戻しがあったんだけど、まず窓口で支払う金額がバカ高過ぎる。

生まれた後の子育ても、すべて保護者の自己責任にかかっている。確実にひとり、乳児のために労働をストップしなければならないのだが、そのことに対する穴埋めの制度*ができあがっているとはいえない。

十年前の僕たちのように、夫婦でアルバイト生活をして、やっとのことで家計を成り立たせている状況だと、行政の支援は何も使えない。産休・育休制度も使えないし、生まれた後の保育園の利用だって後回しだ（その保育園だって無料というわけじゃない！）。

*病院の窓口での支払い
正常な妊娠ではなかったせいもあって、検査の数が増え、その検査の都度ちょこちょこと少なくない金額の支払いがあったことと、「立会い出産」を希望していたために個室の予約をしてしまい、それが「帝王切開」になったことで、個室に十日間入院したというのが高額になった理由だ。ところでその後わずか二年の間にも、出産前検査の部分的な無料化が進んでいる自治体もあるし、一時金の支給を早めたりする改善が進んでいるので、今だったらもう少し楽なんじゃないだろうか。だけど、「保険が利かない」という根本的なところは変わっていないのだが。

*穴埋めの制度
この連載記事を書いていたときの制度での所得保障は、「育休中は基本給の三分の一（上限十四万八千円）」が社会保険から支払われるというものだ。サラリーマン時代の僕に当てはめ

ちなみに、今だって何の制度も使えないことには変わりはない。アルバイトに行かなくて済むようになったから、僕がずっと保育に関わっているということになっただけだ。

三十五歳の僕と三十歳の相棒が「コドモを持つことはゼイタクで自分たちには関係ない」と思っていた十年前と比べて、社会の状況が改善されたわけではない。いや、たぶんむしろ、そのときよりも悪くなっているように思う。

僕らがたまたまコドモを持てたのは、幸運だったからとしか言えない。家庭内の役割ミスマッチの解消も功を奏していたことと、妊娠・子育てのリスクそのものを商品化してしまうという作戦が成功したこと（このエッセイを書いていることとか）。それより先に健康を取り戻すことができたからなんだけど。

それで、若者にとって「コドモを持つこと」が縁遠くなってしまっている状況なので、子育てはますます困難を極めている。本来コドモを持つのにちょうどいい世代が、横並びでコドモを持てないでいるのだ。僕らのような中年子育て組はまだいいとして、若くしてコドモを持っていると、同世代のバッシングもきつかろうと思う。

新しい政権になって「子ども手当*」なる公約が実現されようとしている。この公約が

てみると、基本給は二十六万円くらいだったから、九万円に満たないものになる。それで暮らせというのは無理があると思う。

ところで、その後二〇一〇年四月から制度は改定され、暫定的だが「育休中は休業開始前賃金の五十パーセント」を支給されることになった。ただ「三十パーセントを休業期間中に、残り二十パーセントは職場復帰6ヵ月後に支給」となっている。これはつまり、育休を取得して復職しない場合（保育所が確保できないなどさまざまな理由が考えられると思うが）従来通りの給付でガマンしなさいと言っているに等しい。まあ、雇用主ではなく社会保険から支給されるので、復職後の手当をカットするために離職に追い込まれるということはないと思うが。

*子ども手当

二〇〇九年の衆議院選挙の際の民主党のマニフェストによると、中学生までのコドモがいる家庭に一人あたり二万六千円を

実現されると、先進国の水準から落ちこぼれていた日本の子育て家庭への支援が、ようやく最低の水準に届くようになるらしい。

この制度の趣旨は「社会全体で子育てを負担する」ということだそうだから、その理念もまちがっていないと思う。いまだに「景気対策だ」と勘違いしている守旧型の政治家もいるらしいが、こういう人にはとっとと辞めてもらいたい。

ただ、前出のようにコドモを持つことが難しい今の社会では、若者の多くが「また勝ち組でパイを分けている」と誤解するおそれもある。だってそうじゃん。お金がなければコドモが作れないのに、金を持っているところにまた金をやろうとしているんじゃないか、って。

だから、理念に沿って運用するとすれば「子ども手当」はコドモ0人から支給するといいんじゃないかと思う。親の扶養を離れている若者、夫婦世帯の個人ごとに、たとえコドモがいなくても「将来の自分のコドモ、あるいは周囲のコドモに使ってください」ということで、基本額を支給するといい。もちろんコドモを扶養していれば頭数で増額する。

それくらいのことをやらなければ「社会全体でコドモを育てる」という理念が浸透しないと思う。もちろん出産費用・不妊治療の費用は無料にしなければならないよね。


月々支給するというもの。OECD（経済協力開発機構）加盟国中最低と言われる子育て世代への支援の少なさを緩和し、また、コドモの貧困率を下げる意図がある、ということだった。しかし政権交代後に思ったように無駄の削減ができず、財源が確保できなかったため、初年度はまず半額の一万三千円を支給することとなる。ところで当のOECD会長がこの日本の子ども手当に対して「財政のバランスを欠いた現金給付は望ましくない。環境の整備などに出費するほうが良い」との発言をしたということもあり、長妻厚労大臣や菅直人総理の発言からも、初年度に施行された半額支給がそのまま定着しそうな流れになっている。世論もまた「全額は必要ない」（満額断念に賛成七十二パーセント~二〇一〇年六月十二、十三日朝日新聞世論調査）とのことだが、さてどうなんだろう？

ムーア監督の『SiCKO』のラストシーンでは、米国に楯突《たてつ》くテロリストたちが収監されている収容所で捕虜たちのほうが米国市民よりもマシな医療を施されていると知ったムーア監督が、病人たちを引き連れて収容所に押しかけるシーンだった。結局収容所からは無視されるんだけど、かつて「仮想敵国」だったキューバの公的な医療制度に救ってもらって涙を流して感謝するという結末になっていた。

日本の保険制度も、少子高齢化が続けばイカレポンチになっていくことは間違いない。たくさんの健康な人で少数の病人を支える保険制度なのだ。少しの健康な人でたくさんの病人を支える制度ならば、健康な人は逃げ出してしまうかもしれない。

もちろん保険制度だけの問題ではない。

若者が自然にコドモを作って育てることができないような状況が放置されている今の日本を見るにつけ、この国を変えていくことと、この国から逃げ出して制度がしっかりしている国（例えばフランスとか）で暮らしていくことと、どっちが困難なことだろうかと比較してしまう。たぶん、一番困難なのは、現状のままであるこの国で暮らし続けることなのだ、と思う。

二歳直前
にんじん
おみかん
くつした
かいだん
耳で聞いた音はだいたいそのままくりかえせる
でもときどきヘンなのも…
ちぼん（ズボン）
かばぼ（たまご）
みもみ（みどり）
もーどぷ（ドーモ君）

ついに、二歳を目前にして、うちのコドモにもコトバの芽吹きが見られはじめた。このコトバは、単なる音色の模倣というだけではない。なんとなくコトバの体裁を伴った様子になってきたのである。

というわけで、前回のコトバについての報告から半年ほど経ってしまったが、ついに「コドモとコトバ」（本葉編）を書かせてもらうのである。

ここ一ヵ月ほどの一番大きな進歩は、名詞ではなく形容詞らしきものを覚えたことだろうか。形容詞というよりは感嘆詞かもしれないのだけど。

そして、その形容は、まだ不確かというかほとんど間違っているのである。

彼は、何かしらビックリしたときに指をさして口にする。

「おおき〜い」「こわ〜い」「たか〜い」「おも〜い」

例えば、僕が納豆をぐちゃぐちゃとかき混ぜて、その粘る糸状のものを椀から長く引き上げるとする。コドモはそれを見て、言う。

「たか〜い！」

うーん、どっちかというと「なが〜い」が正しいのかな？

まあ、今は適当にランダムに口にしているようなので、かなりチンプンカンプンではあるのだが。路上で大きな犬を見て「ワンワン、おも〜い」などと言う。

色という属性についても意識が出てきたようだ。色鮮やかな対象物を見ると、指差して「あか」「あお」「きいお（黄色）」「みもみ（緑）」などと言う。これも当初はランダムで、ほとんど違う色の名前を口にしていたが、ここのところ正解率が七割くらいに上がってきた。

物体には、質料（ヒュレー）と形相（エイドス）がある……と説いたのはアリストテレス*だったが、同じ物体にいろいろな名前が付属しているのが人間のコトバなのだ。たとえて言えば、一歳十ヵ月頃までのうちのコドモのコトバは、質料だけが表現の対象だった。「ワンワン」「パパ」「アンパンマン」など、名前だけを口にしていたのだ（二次元であるアンパンマンが「質料」とされるかどうかは、難しいところだけど。その話は置いておいて……）。

もちろん、名前だけじゃなくて「カンパーイ」とか、ある種のかけ声の模倣はやっていたんだけど。

それが、同じものでも違う名前や状態があるらしいという気づきから、形相のようなものへ言及が派生してくるのだろう。コドモの頭の中では、いろいろそんなものがゴチャゴチャになりながら「その物の名称」「カテゴリー」「色」「形」「属性」「通称」などを、ほ

＊アリストテレス
アリストテレスは古代ギリシャの哲学者。物体の背後に「イデア界」を想定したプラトン派の哲学に対し、アリストテレスは感覚で捉えられるものこそが「存在」であるとした。この「存在」に対して言及した『形而上学』という書物に、質料と形相に関する言及が見られる。

とんど間違えながらコトバにしてみている。

そして、このコトバに対して、僕たち大人が笑ったり喜んだりたしなめたりする様子をじっと観察している。

発情期になったペットのイグアナが駆け寄ってくる様子を見て「ちんた、こわ〜い」と言えば「こわいね〜」と大人は返すし、「ちんた、あか」と言えば「どっちかっていうとオレンジ*だな」と訂正される。そういうのを全部記憶しているようなのだ。

相棒の大好きな宝塚の舞台を収録した映像ソフトを視て、最後に出演者の字幕が出てくる。そうするとコドモは「おわった」と言う。すると大人は「おわったね。バイバイね」と言う。しかし、最初に字幕が出てくる映画のソフトを視て「おわった」と言うと「ちが〜うよ。まだハジマリだよ。ハジマリ」と言われてしまう。

「正しかった、うれしい」「ちがっていた、オドロキ」「なんだか笑われてしまった！」という体験を通して、コドモはコトバを広げていく。その様子を見ていると、まさに失敗とマチガイと無駄なことを繰り返して、未知の領域を地ならししていくかのようである。

さて、年末年始でコトバの獲得に本格的に乗り出したうちのコドモだが、それ以外にも大小さまざまな変化がある。

*どっちかっていうとオレンジ
グリーンイグアナが、なぜオレンジ？という疑問も生じようが、大人になったグリーンイグアナは、オスは発情期が来るたびにオレンジ色に発色し、メスは黒ずんだ灰色に変色していくのである。鮮やかな緑色は生後二〜三年の幼体のうちだけだ。

大きなところでは、また週一回保育園に通うようになったことだろうか。それも、昨年のうちは午後だけだったが、年末で一人辞めてしまったとのことで、朝から夕方まで全日で通うことができるようになった。

親としてみれば、半日と全日の違いは大きい。

今までは午後一時過ぎに送り届けて（家に戻るのは二時近く）、午後五時前に迎えに行く（家を出るのは四時過ぎ）ということで、コドモの世話から解放される時間は二時間ちょっとしかなかった。それだと、長い昼寝とさほど変わらない。昼寝を始めるのを見ると「今日はお休みにしてしまおう」と思うんである。

しかし、朝八時半に送り届けて、六時間以上もコドモの世話から解放されるというのは、コドモの存在を忘れて作業に没頭できる時間が作れる。

僕と相棒は、午前中からキッチリ仕事をして、昼食にラーメンを食べに行ってしまった。コドモができてから、知り合いの店以外での外食をほとんどしたことがなかったのだ。三年ぶりのラーメンの味は……油に負けて、胃が痛くなってしまったのだけど。

午後も午前中以上に集中して仕事ができる。実にありがたいのである。

もっとも、コドモのほうは朝方送っていく道すがら、泣きじゃくっていた。四月五月ならいざ知らず、小学校なら「三学期」といわれるこの時節に、泣きながら通園しているコドモはほとんどいない。なので目立ちまくりだ。

保育園の敷地に入ると、泣きはいっそう力強くなる。建物に上がってからも、目を離すと自分で靴を持ち出して逃げて帰ろうとさえする。もっとも他のコドモや保育士さんたちの待つ部屋まで行けば、彼も少し安心して、泣きも収まってくるんだけど。


昨今の小さな変化のほうは、僕からの感化でクラシックの管弦楽曲が大好きだったコドモの趣味嗜好に、相棒の大好きな宝塚歌劇が加わってきてしまった。宝塚歌劇といえば、ド派手な化粧で目を巨大に見せ、セリフ回しも大げさで、さらにはクソ真面目に歌っているが、技術的には疑問符が付く（ような人も混ざっている……）、なんだか学芸会のようなあの世界。僕はまあ敬して遠ざけておくように接しているのだが。

コドモにとっては、あのハデハデさが楽しくて仕方ないみたいではある。

「タカタカ」と言いながら、嬉しそうに映像ソフトを観賞している。

月組の『暁のローマ』とか、星組の『エル・アルコン—鷹—』[*]というのがお気に入りのようだ。歌を覚え、セリフまでそれらしく語ってくれる。

しかし、ＮＨＫで放映されていた「北島三郎歌謡ショー」を視ても「タカタカ」と言っていたから、どのように理解しているのか疑問ではあるのだが。

＊エル・アルコン—鷹—
『エロイカより愛をこめて』などの作品で知られる青池保子先生原作の漫画を元に舞台化された作品。シリーズ物の「七つの海七つの空」「エル・アルコン—鷹—」「テンペスト」の三作品を融合させた形で脚本が書かれている。

偏食はあいかわらずで、体重は増えない。

あいかわらず「ママ」とは言えず、相棒のことを「ハッハー」と呼んでいる。

「こっち来い」とか「さあ行くぞ!」と、僕が命令をすると、必ず「え?」ととぼけたような口調で聞き返す……が、意味がわかってそうしているわけではない。それはたぶん、相棒のマネだ。ときどき腹立たしい。

そんなコドモも、もうじき二歳の誕生日である。二歳児はぐんぐん頭が良くなるらしい。そして、頭が良くなるということは、親にとってはハタ迷惑なことの連続がやってくるのだそうだ。楽しみなような、怖いような……。

アンパンマンシリーズが大好きになった息子
バイキンマ
ドキンチャ
ホアーマン
（ホラーマン）
アンパンマン!!
ゆいいつ「しょくぱんまん」だけは
しかく

どんどん喋れるようになってきた。

二歳の誕生日を迎えたうちのコドモであるが、今年の誕生日には自分から「おめでと〜カンパーイ」などと叫んで盛り上げていた。

耳で聞いたコトバはどんどん復唱する。その場で忘れてしまうものも多いようだが、二度三度と口にしたものは覚えていて、後でまた口にしたりする。

コドモ自身の本名や、僕と相棒の本名も教えてやっている。ニックネームで呼んでいた他の人の本名も教えている。

「パパは、モチヅキアキラ。よんじゅうごさい」「ハハはゴニョゴニョゴニョ……またの名をホソカワテンテン」「バーバは、ジージは、チャカ*は……」

コドモは懸命にゴニョゴニョと「暗唱」している。勢いで言ってしまうことができなくて失敗すると「もっかい（もう一回）」と言って、またゴニョゴニョとやる。どうしてもうまくできないと、頭を抱えて失意のポーズに入ってしまう。ほほえましい。

ひとつひとつの対象物に、いくつものコトバが属しているということも把握できているのだ。

「こいは（これは）ペーノペ（ペネロペ）」「こいは、あお」「こいは、かあいい」などと、絵本を見ながらもブツブツ言っている。

*チャカ
ご近所のアトリエオーナー「さかえ」さん。もともとは彼女の従妹のコドモがこのあだ名で呼んでいた。

そうだ。いつのまにか「二語文」も獲得しているのだ。

二語文とは、以前（P.142「その19」参照）紹介した「乳幼児分析的発達検査表」によると、一歳九ヵ月頃に到達しているものだ。例としては「わんわん来た」「パパかいしゃ」などと書いてある。「パパかいしゃ」というのは、「パパは会社（員）である」という意味ではなく、たぶん「会社に行っているので今自宅には不在である」という「欠損」に対する言及ができるという意味だろう。すごく高度なように思われるのだが、まあそれが一歳九ヵ月頃から可能になるらしいのである。


うちのコドモは、例によって遅れていたのだが、それでも毎月毎月ステップを上がりながら、ここのところ三〜四ヵ月遅れをキープしているわけである。

もちろん、ちょっと高度に思われる欠損に対する言及や、過去・未来に対する言及はできていない。でも、よく聞いていると「きた」と「きて」の使い分けなどをやっている。

「きた」は現在完了の意味で、目の前に登場したことを表現している。「きて」は「こっち来て・持ってきて」の意味で、コドモ自身の意思を表現しているようである。「ちぇんべ（煎餅）きて」と言って、目の前に煎餅が出されると「ちぇんべ、きた〜」と言って嬉しそうに笑っている。

ただ、偏食があいかわらずなので、「いなない（いらない）」というコトバを覚えたところ、これが実に多用されてしまっている。たとえば以前好物だった「タマゴパン」なるものを渡してやっても「カパポパン（タマゴパン）いなない」と言われてしまう。「イヤ」「ダメ」もよく口にするようになった。

さらに「いなない」は、食べることを離れて、一般的な拒否のコトバとしても目立つようになってきた。

たとえば、歩いているときにだんだんペースが落ちてきた。疲れたように見える。そこで僕は声をかける。

「ベビーカーに乗る？」

「ベビーカー、いなない」

とコドモは答えて、また踏ん張って歩き始める。

外歩きをしていて、なんだかちょっと冷えてきたときもそうだ。

「帽子かぶる?」「マフラー、する?」

「ぼうち（帽子）、いなない」「マフラいなない」

おお、なんとなく日本語の会話をしているようだ。

疑問文ではなく命令形をぶつけると「イヤ」が返ってくる。

「さ、ベビーカーに乗ろう。ベビーカーに乗りなさい」

「イ・ヤ」

とてもはっきり答えるので、すがすがしささえ感じるが、ときにはやっぱり憎たらしい。

「イヤ」とか「いなない」のような自我の主張が見えてくることは、たぶん「第一反抗期*」のはしりなんだろう。いままでボーッとして何でも受け入れていたコドモが、拙いながら自己の感覚や趣味を主張したり、自分の感覚で勝手なことをしはじめ、やがて「魔の二歳

＊第一反抗期
第一反抗期、第一次反抗期、またの名を魔の二歳児（テリブル・ツー）。しかし、自分を主張し、拙い理屈で勝手に判断しているということは、頭ができあがってきている。本気で叱ると言うことを聞いたりする。でも本気で叱るのはとても疲れる。というか、疲れるくらい叱らないと言うことを聞かない。タイヘンだ。

児」と呼ばれるような本領を発揮し始める。

そのことを考えると恐ろしいのだが、でも確かにここのところ、コトバや行動での成長も見られると思う。

発音もかなりしっかりしてきた。まだ「ラ」行の音がうまく喋れないようだが、以前「ちんた」と呼んでいた、ペットのグリーンイグアナのイグちゃんに対しても「イグちゃん」と発音するようになった。

僕らのほうが、かえって「ちんた」と呼び続けていて、コドモに「イ・グ・ちゃん」と訂正されてしまったりもする。

いままでも大好きだった、街の犬猫に対しても「ワンワン・ニャーニャ」と呼ぶだけでなく、冷静な指差し行動とともに「い・ぬ〜」「ね・こ〜」などと呼んだりするようになった。

自動車も「ブーブ」ではなく「くんま〜（車）」と呼んでみたりもする。

週一回、保育園の一時預りクラスに通うのにも慣れてきた。あいかわらず園の入り口で泣きはするのだが、園児の部屋に行くとアンパンマンのオモチャがあるので、それに魅了されているのである。

まったくアンパンマンシリーズは大したもので、他のコドモたちもこの漫画（とアニメ）が大好きなようだ。主役のアンパンマンも大人気だが、うちのコドモは「バイキンマン」「ドキンちゃん」「ホラーマン」のトリオがお気に入り。特にベストはとぼけた味の「ホラーマン」。

釣られて親である僕たちも、アンパンマンワールドを観賞するようになった。相棒のお気に入りは、主役である「アンパンマン」と「あかちゃんまん」、それから宝塚チックな「ロールパンナ」というところらしい。

僕は、アンパンマンの生みの親という役回りのキャラクター「ジャムおじさん」が気になっている。すぐにロケットなどを作ってしまうパン屋らしからぬ技術力とユートピア思想から、もしかしたら昭和の時代の元活動家なのではと思うとドキドキする。

いや、話が脱線したが、アンパンマンのおかげで、うちのコドモも他の園児たちと共通の趣味（？）をもつことになった。ゆえにコミュニケーションが取りやすくなっているのではないかと思う。そういう意味でもアンパンマンさまさまだ。

あと偏食はあいかわらずではあるものの、気にいったものを食べたときには「おいし〜い」という形容詞を口にすることを覚えた。「おいし〜い」と言っていれば、大人たちも嬉しそうな顔をすることもわかったんだろう。「おいし〜い」の反対語はここでも「いない」であるのだが、まあ「おいしくない」などと言われることを思えば、それほど腹も立たぬ。

しかし、ある夕食の献立で口にしたものが、煮物に入っていた「すいとん*」と納豆と煮豆、とか、そんなようなのが続いている。穀類と豆類。それに加えてせいぜい海苔《のり》。あとは芋類や菓子。そんなものばかり食べている。まあ、ときどきチーズやヨーグルトも食うが。

保育園でもようやく昼食やおやつを食べたという報告をもらった。

しかし、ここでも食べたものは「おウドン」と「おにぎり」とのことだった。

やっぱり炭水化物ばっかりなのだ。

*すいとん
市販の「すいとん粉」使用。中力粉で作ったものとちがって、ツルッとして美味しい。なんというか「玉形ウドン」という感じ。ウドンと違って、短く切る手間が要らないのが楽だ。

イグちゃんのお葬式をしたお寺で
じゃんぷ
ぴょん
ぴょん
じゃんぷ
じゃんぷ
しー
しー
はじめてジャンプができるようになった息子
じゃんぷ
じゃんぷっ
しいいい
ぴょん
ぴょん
しいい

人間のコドモが二歳になり、少しずつ喋れるようになってきた矢先、ペットのイグアナが急死してしまった。

グリーンイグアナのイグちゃんだ。相棒が漫画にもさんざん描いているので、皆様もご存知であろう。日曜日の早朝にグッタリしているのを僕が発見し、お風呂に入れて温めたり手を尽くしたが、家族三人に看取られている状態で呼吸が止まり、やがて心臓も止まった。

イグちゃんは、一九九九年の六月に我が家にやってきた*が、そのときは生まれたてで体長二〇センチ足らず、片手のてのひらに載るような小ささだった。そこから、十年ほど生きて、十一歳になろうとするときに亡くなった。

イグアナの寿命はだいたい犬猫と同じくらいと思われるから、早すぎた死ではない。もちろん、長生きのイグアナは十五年以上のものもいる。うちのイグアナは栄養状態も良く、愛情たっぷりに育ててはいたのだが、どうにも発情期のムラムラが激しすぎた。

オスイグアナの場合、発情期になると絶食状態になり、動くものに飛びかかったりしながら、攻撃的な日々を送る。それが一、二ヵ月続き、毎年発情期が終わるとグッタリとした状態になる。若くて元気のあるイグアナは、そこからまたジリジリと回復してくるわけ

*イグちゃんは一九九九年の六月に我が家にやってきた
一九九九年七月にやってきたのなら「恐怖の大王」（ノストラダムスの大予言）なのだが。やってきたときに可愛かった彼は、そのうち巨大化してそこそこ「大王」のようになってしまう。僕たちとイグちゃんの一大ドラマについては相棒が『イグアナの嫁』（幻冬舎）で詳しく描いている。また文章で書いたものとしては、山田昌弘先生の『家族ペット』（文春文庫）の解説として寄稿したものがある。

なのだが、高齢だとそこで終わりになってしまうケースもあるのだ。

そう。毎年、その時期になると、ペットのオスイグアナがそこここで亡くなっている。僕らイグアナをペットとしている仲間たちの間でも、年齢の高いオスイグアナは要注意だと言われていた。それで今年はうちのイグちゃんが逝ってしまったわけだ。

ことほどさように、性欲というのは難しいものだなあと思ったりもする。

爬虫類にとっては、常日頃の「食餌を摂《と》って日光浴をし、生きるために生きる」という「生の本能」に支えられた日々とまったく反対の「食餌は絶って闘いに明けくれ、死んでも本望だと生きる」というような「死の本能*」に突き動かされる日々が発情期なのだ。

それで、イグちゃんは今年も荒れ狂い、例年になく荒れ狂った挙句に死んでしまったのだから、本望だったと言えるのかもしれないが。


うちの人間のコドモも男の子なので、わが身を振り返ってみるに、やはり性欲というものが出てくる頃になると、いろいろと大変だと思ったりもする。まあ、それはずっと先の話だ。先の話なのだが、声が変わってヒゲが生えてくる頃になると、そういうものに突き動かされて、実にバカバカしい行動*を取ったり、アホな悩みを抱えたりするのであろう。

そういう無駄があるところが、動物である人間の面白いところなのかもしれない。どっ

*死の本能
精神分析家のフロイトによって、「生の本能（エロス）」に拮抗するものとして「死の本能（タナトス）」の概念が提唱された。爬虫類における性欲が、あたかも「死の本能」の具現のようだという観察は、僕の個人的な見解です。

*実にバカバカしい行動
作家の原田宗典氏の『十七歳だった！』というエッセイを読んで笑い転げました。笑い転げながら、少し冷や汗もかいた。困ったもんだなあ。

ちみち親がしてやれることは何もない。ただ、うちの爬虫類たちのように自分を傷つけるほど性欲に振り回されないよう祈るのみである。

さて、イグアナのイグちゃんの話に戻る。僕ら夫婦が結婚して、夫婦だけで過ごしたのが四年、イグちゃんをコドモと思って家族をやっていたのが八年、イグアナと人間のコドモが一緒にいたのが二年である。

もっとも、イグちゃんが来て七年目でお嫁さんを迎えた。メスイグアナのマグちゃんである。だから最後の三年は独立した息子のような扱いだった。

そうは言っても、イグちゃんだけをコドモだと思っていた時期は長い。その間、我が家にもいろいろなことがあった。僕も相棒も、イグちゃんのために仕事に励んだ。その後、僕は世の中の変化の波に流されて、やがてうつ病にもなり、自宅療養中のときに発情期が来ると、何度も咬まれて外科に行った。

相棒が漫画を描いて生活を安定させると、イグちゃんにお嫁さんを迎えることにした。それから夫婦で体を鍛え、やがて人間のコドモもやってくることになるのだが……。

そう、イグちゃんが来てはじめて、僕たちは家族になることができた。ペットのイグアナをまず家に迎えて、コドモを持った場合のシミュレーションをしていたのだとも言える。

コドモを持ったとき、親である僕たち二人は、まず自分たちのことよりもコドモのことを優先させる生活をすることになる。夫婦二人のときにはわからなかった面が出てくる。そしてそれぞれパートナーの関心や時間の振り分けも、コドモに多くを取られてしまうのだ。それを僕たちは、まずイグちゃんを通して実践することになった。

そして、育てる能力の競い合いということでは、意外にも僕のほうが上だったという発見もあった。イグアナを育て、カメを育て、エビや水草を育て、その延長で人間のコドモも育てることになったのだ。

だから、僕たち夫婦の意識では、イグちゃんは人間のコドモの「お兄ちゃん」だったのだ。コドモにもそう言い聞かせて育てた。コドモはやがて、イグちゃんのことを「ちんた」と呼ぶようになり、一緒に昼寝をし、僕らの真似をしてイグに餌を食べさせたりもしていた。

しかし、お兄ちゃんとしては、やっぱり少々風変わりだったかもしれない。

なんにせよ、風貌も年老いてきてヨタヨタしてきていた。

冬の発情期が来ると、やはり危険なので隔離しなければならなかった。しかし、コドモは制止してもイグちゃんのところに行ってしまう。イグちゃんも僕らに対して示すような攻撃をコドモには示さなかったのだが、二回ほどオムツの上から咬み付き、一度はコドモのスパッツをどうにかして脱がせて持っていってしまったこともあった。

下半身がオムツ一丁になってしまったコドモが泣いている後ろで、得意げにスパッツを羽交い締めにして咬み付きまくっているイグちゃんを見た。ほんの二ヵ月くらい前のことだ。

コドモは、イグちゃんにそういうことをされても、あまり怯《ひる》む様子はなかった。二歳になって「イグちゃん」と正しい発音で呼べるようになり、イグちゃんの発情期もそろそろ終わって、また安穏とした日々が来るかなと思っていた矢先に、イグちゃんは逝ってしまった。

人間のコドモと爬虫類のコドモが、ずっと一緒に暮らすという日々は、いつか終わりが来ると覚悟していたのだけれど、あまりに唐突で早かったので、僕らはポッカリと胸に穴が開いたようになってしまった。

イグちゃんは、僕ら夫婦がダメダメだった頃に出会い、いろいろ失敗を重ねながら生活しているのをずっと見ていた。もちろん、何もわかってなかったかもしれないけど。

そして、期せずしてその見守る役目を人間のコドモにバトンタッチして行くことになったのだ。もちろん、お嫁さんのマグちゃんや、百年生きるというギリシャリクガメの松井君*など、爬虫類組の後継者も残されてはいるのだが。

体長が一六〇センチ以上あるイグちゃんの遺体は、川の向こうのペット霊園のあるお寺で火葬してもらうことにした。ダンボール箱に入って引っ越してきたこの部屋から、またダンボール箱に入って出発することになった。箱には花や野菜や、大好きだったけどもう二年くらい食べさせていなかった食パンなども詰め込んで。引っ越してくるときは自転車の荷台だったけど、出ていくときにはタクシーを呼ぶことになった。僕らだけじゃどうにも心もとなかったので、相棒の親友の「ぐーすちゃん」や、イグアナを飼っている仲間たちにも手伝ってもらった。

ペット霊園の火葬場に行くと、他にもペットを亡くした人たちが待合室に待機していた。ペットの大きさにもよるが、火葬には一、二時間かかる。

コドモは広いお寺の待合室が面白いらしく、ぐるぐる回ったりしてははしゃいでいた。

他の人たちが神妙にしているので、申し訳ないような気がしたが、葬式でははしゃぐコドモというのもよくある光景だ……。

*ギリシャリクガメの松井君
イグちゃん亡き後、我が家の爬虫類メンバーの中で唯一残ったオス。やっぱりオスなので、発情期になるとバカなことをする。両手両足を地上から持ち上げた状態で新聞紙の上を移動しているのだ。命名の由来は「僕のバットは大リーガー級さ」という下ネタですスミマセン。

さて、イグちゃんの火葬の申込用紙を書く場面で、ペットの火葬の届けとして「犬・猫・その他」という項目に丸をつけなければならないことになったのだが、なぜかかつて同じ場面に遭遇した気がする。そんなことあったろうか？　と、思ったら、それは相棒が昔描いた漫画*で「イグちゃんが人間のコドモになったので、市役所に行って届けをしなければならない……という夢をみた」という作品があったのだが、その漫画の中の夢で提出した用紙とよく似ていた。

一時間ほどでイグちゃんは骨だけになった。骨を見ると、いわゆる「出土した恐竜の骨」のような形になっていた。鋭い歯や爪が残っていて、これでなかなか痛い目にあったなあと感慨深い思いもした。

骨になっても、イグちゃんは我が家に来たばかりのときよりもずっと大きくて重かった。イグちゃんの位牌をもらい、それには「望月家イグ居士」と戒名もどきの名前が書かれていた。そうか、イグちゃんは死んで人間になったのだ……。

僕たちは、最初の息子だったイグのことを決して忘れないだろう。

野球帽を被って、可愛い声で歌を歌っているイグの弟分は、イグのことを覚えてないかもしれないが、写真やビデオを見せ続けてやろうと思う。

*相棒が昔描いた漫画
集英社「YOU」誌での連載「てん・ブック」で描いたもの。『ツレと私のふたりぐらしマニュアル』（文春文庫）所収。

コドモは、ペットの死をまったく理解していない。

けれども、僕らの口真似をして「イグちゃん、いっないい、し〜」などと喋ってはいる。

死や永遠の別れのことを理解するには、あとどれくらいの月日が必要なんだろうか。

赤ちゃん期
この頃は
かわいいー
0〜1歳
愛玩動物系
かわいいー
幼児期
ハハ、うるしぇー
2歳
今は
小型なまいき
動物系

二歳を過ぎてから、急に子育ての質が変わり始めた。

簡単にいうと、今までは「乳児」を育てていたのが、「幼児」を育てるようになった感じだ。生まれてきた直後からずっと育てていた「乳児」は、自分では何もできないくせに暴力的に主張する「寄生動物」のような存在だった。

乳児は、首がすわり、這って歩くようになっても、やっぱり身近に置いていつも気を配っていなければならないという意味で、僕自身の一部のようだった。それが急速に変わり始めている。

ここに来て、コドモは自分の頭で考えて自己主張するようになった。そして人間として家族の中で存在感を発揮し始めているのだ。ほんとうに、いつの間にか……という実感だ。

お湯で溶いた粉ミルクを哺乳瓶でちゅうちゅう吸っていたのがついこの間のように感じるのだが、ちらかしまくりながらパンやご飯やオカズを食べ、コップについだ牛乳をごくごく飲み、勝手に遊んだりテレビを視たりもしている……。

コトバもずいぶん達者になった。もう赤ちゃんらしさはぜんぜんない。

とはいえ、まだ寝る前の「チクチク（おしゃぶり）」は欠かせないし、お尻のほうもオムツは取れない。「うんち出たら教えてね」と言っても、まったく自分の気の向いたときに（お尻の状態とは関係なしに）「うんち、出た」「おしっこ、出た」と口にしているだけなので、そういうのは今後の課題ではあるが。

毎回少々の緊張を感じつつ通っていた、大学病院の「発達外来」への通院も、ついに卒業になった。最後の通院で「アンパンマンみせて」「くつ、はく」などと二語文を自在に操るのを聞いていた医師が「とりあえず現段階では正常な発達ラインに乗ったとみていいでしょう」と宣言してくれたのだ。

そして保育園。あんなにも嫌がっていた週一回の保育園だったが、年が明けてから全日で通うようになって、大好きになってしまった。保育園に行く朝には「今日は保育園だよ」と声をかけてやると嬉しそうに飛び起きてくる。

保育園についてからも、保育士さんたちに挨拶をして回り、他のコドモたちにも声をかけている。そして最後に、僕の方を向いて「パパ、バイバイ」と言う。

どうぞ安心して戻ってくれという風情だ。

初めてこれを見たときには「成長したなー」と実感し、こちらが泣きそうになった。ほんとに小さな成長なんだけど、僕がいなくてもコドモはこの世に存在し、生きていけるようになりつつあるのだ、と。

偏食はあいかわらずなんだけど、それでも小児科の医師のアドバイスで、自宅での間食を親子共々やめ、また、どんなにねだっても菓子を食事代わりに提供することをしないようにした。菓子は必ず食事を食べた後に出すようにしたのだ。食事を食べないときは菓子も出さない。

これだけで、食べようと努力する姿が見られるようになった。きざみグリンピースご飯*やシチューに入ったカボチャ、お子様向けカレーライスなども食べられる。

もちろん、あいかわらず食べられない食品が多いし、見ただけで受け付けないそぶりを示すことも多々あるのだけど、少しずつ体重も増え始めた。とりあえずたくさん食べるのは、やっぱりご飯とパンとウドンなんだけど、外遊びをした後などびっくりするほどの量を食べることもある。そして保育園での昼食の報告を聞くと、思いもかけないものをちゃんと食べていることもある。最近では魚のフライや天ぷらを食べたというのはちょっとびっくりした。

さて、コドモが週一日の保育園になじみ、僕らの知らないところで他のコドモや保育士さんたちと楽しく時間を過ごすことができるようになってきたということもあり、新しい

＊きざみグリンピースご飯　ＮＨＫ総合の「ためしてガッテン」で放送された「今が旬！豆ごはん革命」の回を参考に作ったもの。グリンピースをさやから出して、さらに皮をむき、フードチョッパーでみじん切り状態にする。これを炊きたてご飯に混ぜて、十分蒸らして食べる。つまり豆はほとんど生なのだが、みじん切りにしたことで、熱いご飯に混ぜるだけで加熱されて甘くなるという仕掛けだ。

年度となるこの四月から、コドモを週三日保育園に通わせることを決意した。

両親が共働きの場合は、市役所に書類を出して審査を受ければ、週五日保育園に通わせることができる。これはいわゆる、通常の枠である。それとは別に、パート就労や自営業者、あるいは養育にあたる親が介護などで多忙な場合、週三日までの「一時保育」という枠を使うことができる制度があったのだ。僕らはこれを使うことにした。

……といっても、昨年の秋から半日を四ヵ月、今年の一月から全日を三ヵ月利用した、週一日というのも同じ枠の部分利用だったのである。この枠をフルに使ってみようと思ったのだ。

ところが、この枠の利用に関しては、募集している保育園が市内に四、五ヵ所しかない。三月一日の指定時間に電話をかけ、先着順で決定するという。いわゆるチケット取りみたいなことをしなければならない。ここで確保ができると、一年間その枠を利用することができる。だから電話での応募も争奪戦だ。保育園で情報収集してきたところでは、友人知人総動員してかまわないとのことであった。

それで、僕らもまあ、両手の数には満たないくらいの知人を集め、全員で電話をかけてみることにした。ちょうど冬季オリンピックの閉会式の日だったので（現地のバンクーバーでは時差でまだ二月末日だったが）オリンピックの選手の活躍になぞらえて「一日確保できれば銅メダル、二日確保できれば銀メダル、三日確保できれば金メダルです。金メダル目指してがんばりましょう」と掛け声をかけ、勇ましくチームプレイに臨んだのだが。

……最初の保育園では一時間以上話し中でつながらず、その間知人も誰もつなげることができず、つながりはじめたときは既に定員が一杯になっていた。

「まるで、予選敗退*のような屈辱だ……」と僕らはうなだれた。

三月まで週に一度保育園に通わせることができていたのに、四月からはまったく保育園とも縁遠くなってしまうのか……とガッカリしたのだ。

「一時保育」とはさらに別の枠なのだが、各月の一日に電話をかけ、翌月の空いている日に月二日まで預けることができるというシステムもある。それは就労や家庭内の問題とは関係なく、親自身のリフレッシュのために使ってもいいという枠になっている。「一時保育」の枠が取れなかったところで、とりあえず、その枠でも使ってみようかとも思った。こちらも電話での争奪戦になるのだが、いつでもいいとなればまあ取れるだろう。それでも、今までの半分になってしまうわけだが。

そんなことを考えていたのだが、午後にも別の保育園で「一時保育」の募集があるのだった。まあまず、そちらもチャレンジしてみようということになった。

＊予選敗退
カーリング、「チーム青森」がまさかの敗退をしてしまった。ちょっとショックだった。とはいえ、このオリンピック、日本の金メダル獲得は0個だったのだが、それを国力衰退となぞらえて批判するのは、まさにオリンピック精神に逆行するものだろう。

ただ、そちらの保育園のほうが高倍率と思われた。なにしろ、そちらは立地も良く、建物も新しい。そして建物の容積が小さいので、募集する人数も少ないのだ。だから、すでに本命で敗退していた僕らは、あまり期待はしていなかった。僕などは指定時間直前にフライングの電話をしてしまい、「まだ時間になっていないのでいったん切らせていただきます」と言われ、電話を切ってかけなおしたら、やはり全然つながらない……。

「まあ、やっぱり、こっちはダメだよな」

と思っていたのだが、午前中僕らの電話トライを手伝ってくれて、午後は別件の手伝いに回っていた知人が、その別件の枠確保を成功させ、なんとさらに電話をかけ続けて、僕らの枠まで確保してくれたのだ。これには本当に驚いた。ほとんど運命的なものさえ感じたくらいだ。

というわけで、今までとは別の保育園に週二日通うことが決まった。

……その後、今まで通っていた本命の保育園のほうでもキャンセルで空きが出たということで、こちらも週一日通うことができるようになった。

だから、うちのコドモは四月から、今までの保育園には三月までと同じように週一日通い、新しい保育園に週二日通うということになったのだ。

「なんだか、考えていたのとはちょっと違う結果になったが、それでもいいかな」

と僕は思った。オリンピックにたとえれば、飛び入り種目で銀メダル、本命の出場だった種目でも失格者が出て繰り上がりの銅メダルを持ち帰れるような気分である。

小さなうちから、ダブルスクール*というのも大変だが、コドモの社交力をみているとそれもアリかなとも思えてくる。二つの保育園に属してみるのも時代に沿っているかもしれない。小学校に上がっても学童だの塾だのに通う羽目になるのかもしれないし、社会に出ても幾つかの集団に同時に属するのが今日の大勢だからだ。


そして、毎日毎日コドモに振り回されていた僕の生活も、少しは落ち着きを取り戻せるかもしれない。週一回の保育園通いでは、その日に追いつかなくなっている家事をまとめてやるくらいが関の山だったのだが、もう少し暮らしにゆとりも出てくるだろう。

そこまで来るのに、二年の歳月が必要だったのだ。


しかしもちろん、この壮大なプロジェクトが終わったわけではない。むしろ、まだこれからが正念場といっても良いのだ。

「イヤ」「いなない」と、第一反抗期の様相を呈してきた息子は、自分の本意と周囲の要求が異なることもあるという理解ができている。こうなると、「叱られていることがわか

*ダブルスクール
ダブルスクールにも善し悪しがあるようだが、なにせうちのコドモは札付きの「偏食」なので、それぞれの保育園が工夫してくれるバリエーションを見るだけでも、ダブルスクールの価値があったと後に思うことになる。その他、さまざまなルールや一日の運びも違うので、比較しているとなかなか面白い。

る」「何を要求されているかもわかる」という段階に至っているので、しつけの準備がようやく整ったということになる。

ここに来て、親として「しつけ」が意味を持つようになってきた。今までは何を言ってもわからないので、なすがまま、されるがままになっていたのだが、もうこれからは違う。

しかし、「しつけ」とは闘いだ。真剣な顔と声で、腕力も総動員して「叱る」とコドモの方も抵抗して泣きわめく。コドモの方は、時と場所もわきまえずに反撃に出てくる。これからは、ついにわが息子もスーパーやお店屋さんの床にゴロリところがって泣いて抵抗してくるのだ。

それでも、親は負けちゃいけない。まだ「しつけ」に関してはビギナーなので、とてもドキドキするが「ダメなものはダメだっ！」とコドモに言い聞かせ、周囲の人たちに向かっては「お騒がせしてスミマセン」とひたすら謝るという行為を続けている。

僕と相棒の二人で立ち上げた（はずだった）コドモ大人化プロジェクトは、僕や相棒の両親、兄弟や近所の人を巻き込み、医師や保育士といった専門家も加わり、どんどん大型化してきた。そして、ついに一部は僕たちの手を離れるところとなったわけだ。それでも、僕たちに要求されるスキルもどんどん高度なものになり、責任の大きさもとどまるところを知らない。
これは、考えていたのよりも、さらに大きなプロジェクトになりそうなんである。

あとがき

この本に収められている文章は、二〇〇八年の九月頃に書いたものが始まりで、二〇一〇年の三月に書いたものが最後になっている。幻冬舎のウェブサイトで「コドモ大人化プロジェクト」の題名で連載させていただいたのだ。

それが本になってしまった。

自分で読み返して思うことは、「女のすなる育児といふものを、男もしてみむとてするなり」というのみあらず、「産育分離」という新しい育児、つまり新しいニンゲンの立ち上げ方法を提唱してしまった画期的な本なのではないか、と。

少子化と言われて久しいが、女性がコドモを産まなくなったのは、産むだけじゃ済まないからだ。いくら保育設備が整っても、親戚のサポートがあったとしても、産んだ当事者が、育児の第一責任者にされる。というか、コドモがそうしてしまう。

しかし、そこのところを、ちょちょいのちょいーっ（あやしい手つき）。

父親だって育児の責任者になれる。かなり自然にできるし、コドモだって受け入れる。受け入れないのは、まあ、しばしば父親本人の心のうちだったり、世の中というものだったりするのだが……僕はつらいときはこの本に収められているような文章を書いたりして自分を慰めているわけなのです。

それで、話を元に戻すと「産育分離」で女性が楽になると、我が家のように「世間的にはかなり危機的な経済状況」だったとしても、コドモを産むだけは産んでくれたりもする。

でも、僕が安心してコドモを育てることができたのは、相棒が張り切って仕事を続けてくれたからなのです。産むだけ産んで、信用して任せてくれた、ということかな。

この本を読み返していると途中で、僕の闘病を相棒が描いた本がドラマ化される事件があったりして、生活があまりにもそちらに振り回されるので、数回にわたって「ドラマ楽屋落ち」みたいな記事になっていたりするのも、今となっては懐かしい。

連載の書籍化が決まったとき、幻冬舎の担当編集者の竹村優子さん（スペシャルサンクス！）に「本の題名は『イクメン45』がいいです」と主張したんだけど、却下されてしまった。

「育児をする男をイクメンと呼ぼう」と厚労大臣の提唱もあったのだけど、しばらくしたら「イクメン」も忘れられた感じになってきた。竹村さんの判断は正しかったわけだが、ちょっとさびしい。

ところでカバーのデザインはラファエロの「小椅子の聖母」のパロディだ。アイデアを出してくれたのは装丁の守先正さん。僕らにとっても思い出ぶかい絵なのだが(結婚式のときの証人、加藤一二三さんのサインの入った複製が我が家には何点もある)、相棒は何度も守先さんのダメ出しを受けながら描き直しをしていた。こんな僕の本のためにスミマセン。こんな僕の育児でここまで育った息子にもアリガトウ。そして、僕の育児を支えてくれているみんなと、読者の方々にも深く深く感謝をしたいです。

二〇一〇年六月　望月昭

本書は、「Web Magazine 幻冬舎」（Vol１９２～Vol２２１）に連載された「ツレ＆貂々のコドモ大人化プロジェクト」を改題・加筆いたしました。

〈著者紹介〉
望月昭　1964年生まれ。幼少期をヨーロッパで過ごし、小学校入学時に帰国。セツ・モードセミナーで細川貂々と出会う。卒業後、外資系IT企業で活躍するも、ある日突然うつになり、闘病生活に入る。2006年12月に寛解。現在は、家事、育児を一手に引き受ける。著書に『こんなツレでごめんなさい。』(文藝春秋)がある。

GENTOSHA

育児ばかりでスミマセン。
2010年8月5日　第1刷発行

著　者　望月 昭(てんてん企画)
発行者　見城 徹

発行所　株式会社 幻冬舎
〒151-0051 東京都渋谷区千駄ヶ谷4-9-7

電話:03(5411)6211(編集)
03(5411)6222(営業)
振替:00120-8-767643
印刷・製本所:株式会社 光邦

検印廃止

Printed in Japan
ISBN978-4-344-01873-0 C0095
幻冬舎ホームページアドレス　http://www.gentosha.co.jp/

この本に関するご意見・ご感想をメールでお寄せいただく場合は、
comment@gentosha.co.jpまで。